マンガでやさしくわかる 子どもの英語家庭学習法

廣津留真理 著
北田 瀧 シナリオ制作
すぅ 作画

日本能率協会

はじめに――英語がずば抜けてデキる子に育てる家庭学習法

こんにちは、廣津留真理です。

「6年以上英語をやっても効果がなかった私の時代とは違う、英語がずば抜けてデキる子になる学習法があればいいのに」と思ったことはありませんか？

大分《おおいた》の英語教室、全国の英語セミナー、ハーバード大学生が教える英語サマースクールなど、私の活動で用いる「**ひろつるメソッド**®」が、まさにそれなのです。

ひろつるメソッドを使えば、英語経験ゼロの小学生が、「日本の中学生の60％が中学卒業までに英検3級に合格する」という文科省の目標を、小学生のうちに軽くクリアできます。さらに、1年以上続ければ、大半のお子さんは**日本の大学入試レベルの英語が楽しく読めてしまうのです**。これは、入試にも社会に出てからも、大きなメリットです。

そんなメソッドの最大の利点は、先生である私がいなくても、**家庭で親ごさんが子どものそばでニコニコしていれば、英語経験ゼロから1年で中学卒業レベルの英語がわかる**という手軽さにあります。

◆2020年英語改革とは何か

これから次のような変化が起こります。

小学校3・4年生は年間35時間、外国語活動としての英語を学びます。世界で通用するグローバル英語学習の基準となる**「英語4技能（読む、聞く、話す、書く）」**のうち、「聞く」「話す」が主です。

小学校5・6年生からは英語が学校の正式科目となり、国語や算数のように成績がつきます。年間70時間、単語数600語、英語4技能の基礎習得が求められます。「外国語活動＝お遊び」の現状が一気に変化します。

さらに、大学入試英語も変わります。2020年の大学共通テストの導入にともない、TOEFLや英検など、民間試験を活用した英語4技能を試す問題となります。このように小中高と英語に連続性をもたせて英語が使える人材を増やします。

◆なぜ2020年英語改革があるのか

不毛なABCの書き取り、ネイティブとの会話中心のレッスンや中学英語文法先取りといった旧来式の学習法では、英語力は上がりません。

これでは、英語で自分の言いたいことも言えず、書くこともできず、人材のグローバル化やインターネットによる取引のボーダレス化に対応できません。

日本で育ちながらも海外でバリバリ活躍、日本で働く外国人との円滑なコミュニケーション、国や文化の違いを軽々と超越、このような若い世代を育成するのが国の急務なのです。

そこで「英語を変えたければ入試を変えろ」からの２０２０年英語改革です。私立中学入試に英語が導入されはじめ、大学入試４技能テストに向けて社会は確実に動いています。

◆夢を叶えるための英語学習

12歳以下の子どもは幼稚だから英語を学ぶのは難しいという日本人の偏見を覆して、子どもに英語４技能をきちんと教える、日本初の超効果的な学習法「ひろつるメソッド」を使えば、２０２０年英語改革の目標を軽く超える成果が上がります。

この学校の枠を超えた英語学習法「ひろつるメソッド」は娘、廣津留すみれがきっかけで生まれました。

すみれは、地方都市大分市で18歳まで育ち、小中高はすべて近所の公立、人生で塾通いゼロ、高校は海外大学合格者ゼロ。そんな環境で育ちながらも、２０１２年にハーバード大学に現役合格して首席卒業、その後合格したジュリアード音楽院の大学院も首席卒業しました。

娘が生まれて、私がやってきたことは３つ。**「愛情たっぷりに育てる（怒ったことも一度もありません）」「娘の好きな英語と音楽をずっと続けられるようにサポートする」「人生の選択肢を増やせるように親自身がつねにアップデートする」**でした。子どもにきついことを要求したり叱ったりするのではなく、親が愛情を示すだけのとってもシンプルな方法ですが、その高い汎用性のため、いまでは全国の親ごさんに用いられています。

みなさんも、お子さんが18歳になったときに、自分を活かせる好きな場所で、自分が好きなことを極限にまで伸ばせる環境で、学んでもらいたいと思いませんか？

英語はユニバーサル言語、人生の選択肢を広げる便利なツールです。世界には１９０以上の国があります。18歳という大人の入り口に立ったとき、「英語ができたからこんなベストな選択ができた。ママ、パパありがとう！」、そう言ってほしくありませんか？　みなさんにそんな日が来ることを、私も大分の地で心から応援しています。

驚きの効果をマンガと解説でご覧いただき、ぜひ実践してみてください。

廣津留　真理

『マンガでやさしくわかる子どもの英語家庭学習法』目次

プロローグ

世界基準の英語が家庭で身につく

Story 0

家族みんながハッピーに？

ルイ これからは どこにいても 英語が 求められる時代に なるのよ
私は 新堂《しんどう》 咲《さき》
ただいま息子の ルイに英語を 教えています
いまのうちに しっかり お勉強しておこうね
……
この人はパパ 雅人《まさと》…
フン!
数日前
買収された!?

そう うちの親会社がドイツの企業に株を買われたらしくてさ…
今月から上への報告は全部英語ですることになったんだ
えー そんな
いきなりだね…
だろ?
〝グローバル化の波がキタぜよ…
だけどパパは英語できたっけ?
オレは関係ないよ平社員だから
上の連中だけの話!
だから昇格するにはTOEIC ○点以上…なんて条件ができて
ガーン。。
オレの昇進への道は完全に途絶えたわ
何言ってんの?
英語ができたら昇進できるかもしれないんでしょ?
勉強したらいいじゃん!
逆にチャンスじゃん!!

…勉強？めんどくさいし
オレに英語なんてできるわけないだろ…
パパならできるよ！頑張って!!
カンベンしてくれよー
イラッ
毎日仕事して疲れてるのにその上勉強しろって言うのかよ
家族のためだよ？そのくらいしてよ！
育児と家事両立してくださーい
そこまで言うなら家事ぐらい完璧にしろよ
あれ以来パパとは口をきいていません
じゃあ次はこのページね
その代わり未来あるルイに英語を教えることにしました
英語ができれば確実に未来の選択肢が増えます
この線は何のためにあるかわかる？
ここからはみ出しちゃダメって線なのよ
あと　これは反対になっているから
お手本をよく見て
ハイッ
もう1回やり直し！

もう英語の勉強したくない！
英語書くのめんどくさい！
めんどくさい…？
ピク。
お前はパパか
どっかーん
マジメにやれーー!!
ギャース
疲れた…
そもそも私に英語を教えるなんて無理なのかも
麗華《れいか》に聞いてみよ
ピコ
ピコ
ピコンッ
麗華です
おおっ
咲　お疲れ様！　英語を教えるには　やっぱりプロに頼むのが一番よ！
うちの優華《ゆうか》が行ってる英語塾を紹介してあげる！

はじめまして
新堂さん
キラーーン
星川《ほしかわ》さんから
お話は聞いて
います
ルイさんに英語を教えて
将来国際社会で活躍できる
立派な大人にしたい…
ということですね
はい
そうなんです
ところで
新堂さんは
これからの入試が
読む・聞く
話す・書く
…の英語4技能が
課せられたものになる
ことはご存じですか？
キラーン
英語
4技能!?
そうです
高度な英作文と
スピーキング試験が
導入されるでしょう
英作文と
スピーキング試験!?
ひぇ～
入試でも
より実践的な
英語力が
試されることに
なります

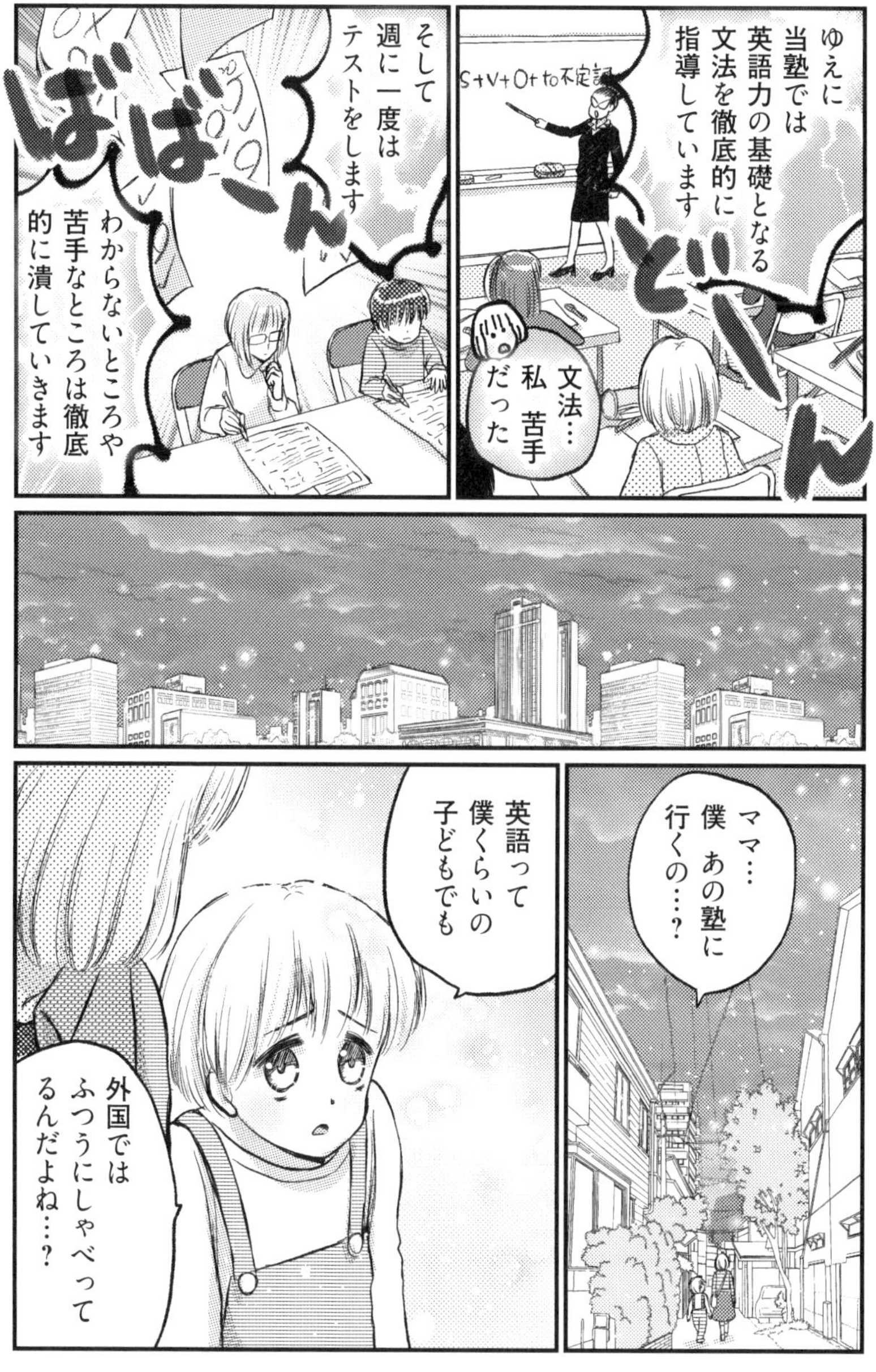

ゆえに当塾では英語力の基礎となる文法を徹底的に指導しています
S+V+O+to不定詞
ど～ん
文法…私 苦手だった
そして週に一度はテストをします
ばば～ん
わからないところや苦手なところは徹底的に潰していきます
ママ…僕 あの塾に行くの…？
英語って僕くらいの子どもでも
外国ではふつうにしゃべってるんだよね…？

そうね
ママもよく
わからなく
なってきた
もっと楽しく
学んでいくことが
できたらね…
あっ
あれ
何かな!
たたっ
ワイ
ワイ
こんな近所に
英語の塾?
楽しそう
だね
ほんと…
本橋英語塾
ワイ
ワイ
ワイ
ワイ
あら
見学の方?
まり
バーイにせんせー

子どもたちがとても楽しそうですね…
ここは英語の塾なんですか？
ワイワイ
ワイワイ
はい
そうです
ここでは「英語で世界基準になる」をコンセプトに
英語「で」世界に通用するスキルを教えています
私の教室で成果を上げている学習法は
好循環となって家族みんながハッピーになるメソッドなんですよ
ちょうど次のレッスンが始まります。
よかったら見ていきませんか？
ぽか〜ん。

ここでは「英語で世界基準になる」をコンセプトに
英語「で」世界に通用するスキルを教えています

プロローグ
解説

世界基準の英語が家庭で身につく「奇跡の学習法」

お母さん、お父さん。お子さんの英語教育、順調ですか？
英語教室探し、英語教材探しに、疲れ果ててしまっていませんか？

本書では、**塾へ行かなくても、高価な教材を使わなくても、世界に通用する「世界基準の英語力」を身につけることのできる、奇跡の学習法**をお伝えします。

英語にふれたことのない、
ごく普通の小学生でも、
この学習法をはじめてから1年以内に、
中学卒業レベルの英語がわかるようになります。

さらに、1年以上続ければ、
大学入試レベルの英文をスラスラ読めるようになります。

その先には、
世界最高峰の**ハーバード大学**も、
グローバルな活躍の舞台も見えてきます！

本当のことをいいますと、

学校や塾に任せっ放しの、従来の日本の英語教育では、「読む」「聞く」「話す」「書く」の英語4技能は、絶対に身につきません。

幼児や小学生に、英語4技能を教えるきちんとしたメソッドは、これまで日本に存在しておらず、ベテランの英語教師も、その方法を知らないからです。

では、どうすればよいのでしょうか？

本書で**奇跡の学習法**を知れば、
「世界基準の英語力」が**家庭で身につきます。**
日常の**たった5分や10分**のすきま時間を、
親子で楽しくすごすだけで、
世界で活躍できる英語力が手に入るのです。

しかも、
親は何も教える必要はありません。
お子さんの隣に座って、
ニコニコしていればOKです！

「信じられない！」と思った方こそ、続きを読んでみてください。

地方公立からハーバード大学に合格した㊙ノウハウ

娘のすみれは、小・中・高と公立の学校に通って２０１２年にハーバード大学に合格、４年後の２０１６年に首席で卒業しました。その後ニューヨークのジュリアード音楽院の修士課程に合格、２年後の２０１８年にこちらも首席で卒業しました。そして現在は、ニューヨークで起業、ＣＥＯとして、またバイオリニストとして頑張っています。子どもの頃から一度も、塾に通ったり、家庭教師がついたりしたことはありませんでした。

＊ジュリアード音楽院は１９０５年創立。世界で最も優秀な音楽・舞踊・演劇部門の大学のひとつ。２０１７年ＱＳ世界大学ランキング第１位（パフォーミングアーツ部門）。

ハーバード大学合格の決め手のひとつとなったのは、本物の英語力でした。本物の英語力とは豊富な語彙《ごい》力と唯一無二の表現力のことです。娘は、幼い頃から私と一緒に楽しみながら英語を学び、読書や映画、歌やネットなどで好奇心を育んでいきました。同時に「**1日たった5分らくらく英単語暗記法**」で語彙を数万語に増やしながら、英語力をどんどん伸ばしていったのです。

すみれいわく「ハーバード合格には単語暗記が不可欠」とのことです。

私の教室で成果を上げている学習法は
好循環となって家族みんながハッピーになるメソッドなんですよ
ちょうど次のレッスンが始まります。
よかったら見ていきませんか？
ぽかーん。

普通の家庭の子の驚くべき実例

これは私の娘だけに起こったことではありません。私の授業は週に1回、75分だけですが、次のような生徒たちがごく当たり前に、次々と現れています。

◉幼稚園年長から通いはじめ、小2で英検準2級（高校中級程度）に合格したYくん
◉小6から通いはじめ、英語学習経験ゼロから8カ月で英検3級（中学卒業程度）に合格したGくん
◉小3から通いはじめ、1年半で英検2級（高校卒業程度）に合格したTくん
◉教室に通いはじめ、7週間で英検5級（中学初級程度）に合格した9歳のMさ

んと6歳の弟Sくん

このように非常に短期間で、英検に合格しています。それも大分県の普通の家庭のお子さんたちばかりなのです。

一石五鳥のメソッド

私のメソッドは、英語4技能（読む、聞く、話す、書く）を一体化して教えるものです。特にこのメソッドは音読によって英単語を暗記するので「1日たった5分らくらく英単語暗記法」と「超・音読法」は重要です。すみれもつねづね、「ハーバードの英語は単語が9割」と言っていますが、本当の英語を習得できるかどうかは、最大の難関である単語習得にあるのです。

なお、このメソッドは英語4技能だけでなく、論理的な国語力も身につくので、まさに一石五鳥のメソッドといえるのです。

さらにこのメソッドでは、お子さんをサポートするために、じつは英語が苦手だった親ごさんが英語を好きになるという副産物もあるのです。

子どもの学習を「家庭中心」にする

子どもの学習を「**家庭中心**」にすると、次のようなことが起こります。これは教室の親ごさんの声です。

◆**家族の仲がとてもよくなった**

◆最初は遠目で見ていた夫も、進んで参加するようになり、子育てについての会話が増えた
◆親子で話すテーマが社会問題にまで発展し、国語力も伸びた
◆夫婦のリスニング力が上達した

子どもの学習を「家庭中心にする」と家族のあり方が劇的に変わります。好奇心と向上心にあふれた円満な家族になれるのです。

英語って僕くらいの子どもでも
外国ではふつうにしゃべってるんだよね…？

第1章

常識破りの「奇跡の学習法」

Story 1

見学！本橋英語塾

私はこの塾の塾長をしています
本橋真理子《ほんばしまりこ》と申します
私の塾では
1年以内に小学生が中学卒業レベルの英語がわかるようになり
さらに1年以上続ければ英検2級レベルになります
えっ!? そんなバカな!
……
いま ルイくんの隣に女の子がいるでしょう?
はじまるよー
ワイ
ワイ
はい
あの子は英検3級です
ええっ!? ルイより小さいですよ!
その隣にいる子は 小3で英検準2級に合格しています
……
ワイ
ワイ

じゃあ うちのルイも…
ここに通ったら そんなふうに なれるってことですか？
はい！ なれます
信じられない…
見学に来てくれた新堂ルイくんです みんな仲よくしてね！
はーいっ
小さい子も大きい子もいますね
うちは無学年制なんです
レッスンは週に1回75分です
そうなんですか…
週に1回 大きい子 小さい子 ごちゃ混ぜのレッスンで
はいっ
では はじめます
かりんちゃん
お願いしまーす
本当にあんな小さい子どもが英検準2級に合格することなんてできるのかな…

I believe that Japanese cuisine will continue to gain popularity around the world.
わっ すごい！
スラ スラ
ネイティブの発音！
ここでは小学生でも大学入試レベルの英文を読むんです
最初から難しい英語に挑戦します
あいび…ざ…？
きょとん
あっけ…
はー もう ルイなんて完全に狐につままれたようになってる！
レガシィ
すぐできるようになりますよ
I believe that Japanese cuisine will continue to gain popularity around the world.
わー すごい
合唱みたいですね～
みんな上手!!
子どもたちは大きな声を出す音読が大好きなんですよ

これだけ難しい英文を子どもたちに教えるなんて優秀な先生を雇われているんですね
素晴らしいです…
そんなことありませんよ
フフッ
ええ～っ
ごけんそんを!!
私の塾では「教えません」
次はサラちゃんお願いしまーす
先生は子どもたちをサポートすることに徹しています
基本は「暗記」と「多読」
英語を音読して暗記しインプットすることに時間をかけています
There's no doubt that the popularity of sushi keeps increasing.
では いま子どもたちは英語を音読して暗記しているんですね
そうです
There's no doubt that the popularity of sushi keeps increasing.

文法はどうしてるんですか
子どもに英文法を理解させるのは相当大変だと思うのですが…
ルイくんが日本語を覚えたとき 文法から学びましたか?
とんでもない!!
いえ そんな大層な…
自然に覚えました
そうでしょう
言葉はすべて暗記して覚えるんです
小さな子どもはひたすら大量に言葉を丸暗記しているんです
メディアから
家族から

英文を暗記すれば
英文
文法
構文
単語
そこで使われている文法や構文は一緒に頭に入ってきます
これが英語を身につける基本中の基本です
やさしいことを難しく考えるより
たくさんの英語を頭の中にインプットすること
……
では和訳はどうやって教えるんですか
和訳も不要です
これも英語習得の邪魔になります
あっさい
ええっ
ど
どうしてですか

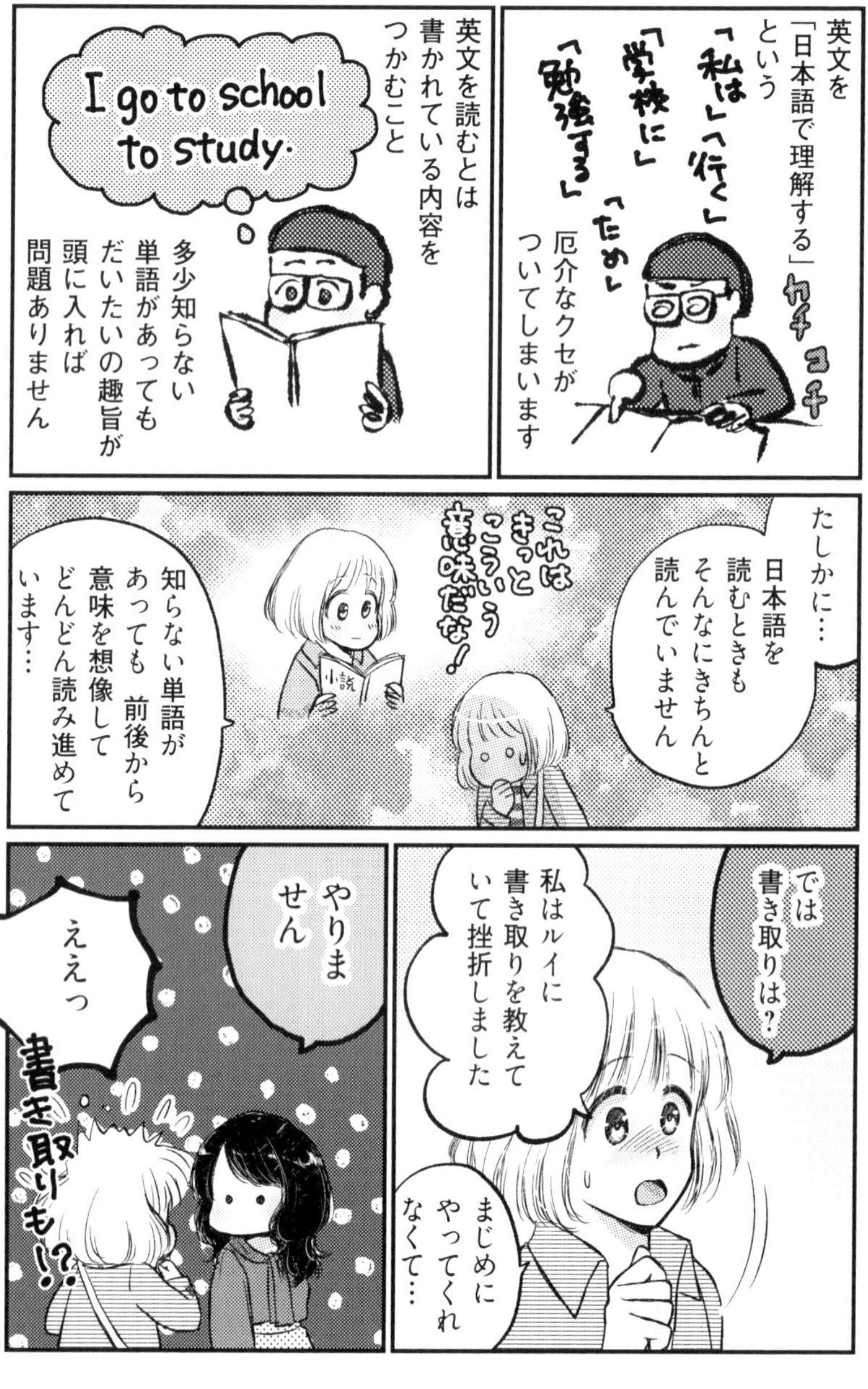
英文を「日本語で理解する」という
「私は」「行く」「学校に」「ため」「勉強する」
カチ コチ
厄介なクセがついてしまいます
英文を読むとは書かれている内容をつかむこと
I go to school to study.
多少知らない単語があってもだいたいの趣旨が頭に入れば問題ありません
たしかに…日本語を読むときもそんなにきちんと読んでいません
これはきっとこういう意味だな!
小説
知らない単語があっても 前後から意味を想像してどんどん読み進めています…
では書き取りは?
私はルイに書き取りを教えていて挫折しました
まじめにやってくれなくて…
やりません
ええっ
書き取りも!?

でも書かないと覚えられませんよね
私は中学生時代ひたすら書いて英単語を覚えました！
書き取りは時間のムダ体力のムダなだけです
特に幼児期は筆圧が弱く当然うまく書けませんしすぐに疲れてしまいます
もうつかれたー
さらに 上手く書けないことが失敗体験となってしまい英語学習そのものが嫌いになってしまいます
…
中学生になったら幼児が5分かかる書き取りは10秒でできます
小さいうちは幼稚なものを書くよりも
難しいものを読んで たくさんの単語や文にふれたほうが
英語力アップに大きくつながります
ではどうやって英単語を覚えるんですか

英単語を
なぞりながら
音読すれば
簡単に覚え
られますよ
そんな
簡単に？
教えず
解かず
テストせず
とにかく
暗記する！
インプットが
多いと　スピーチも
英作文も自然に
できます
ん？
ちょっと
待って！
教えず
解かず
テスト
せず…？
そうです
暗記
できたかの
チェックは
しても
間違いは
訂正しません
テストは
一切しません
それで
大丈夫なん
ですか⁉
間違えた
ままで
テストをしないで
どうやって
評価するんですか⁉

咲さんはルイくんが言葉を覚えはじめた頃間違いを訂正していましたか？
定期的にテストしていましたか？
むかたちぃね！
かわいー…
難しいのことだろうな…
していません
子どもは本来言葉の学習を楽しいものだと思っています
それを訂正したりするとたんにツラくて嫌な勉強になってしまうんです
そうじゃないでしょ!!
できなくても間違えてもとにかく先へ
できた！
これもできた！
達成感を覚え自信をもつことを重視します

できないことを指摘せず
できたことを認めてとにかくほめます
わっ
ルイくんできたーっ
はじめてなのにすごーいっ
パチ
パチ
パチ
パチ
ルイ嬉しそう…
もしかすると私は英語を勉強することを難しく考えすぎていたのかもしれない
本来言葉を覚えることはもっと簡単で楽しいことなんじゃないかって思えてきた…
それともうひとつ
この塾は家庭学習を大切にしています

レッスンは週に1回
あとはすべて家庭学習で身につけていただきます
ん？
なのでもし入塾されたら
咲さんにもルイくんの家庭学習に参加してもらいます
ええ〜〜〜〜っ
家庭学習!?
子どもの学習を家庭中心にすると家族のあり方が劇的に変わります
好奇心と向学心に満ちあふれた円満な家庭になれますよ

私…自分では教えられないと思って…
塾を探していたんですけど…
どうしても怒っちゃって…
大丈夫
教える必要はありません
咲さんはただニコニコしてルイくんの隣に座っているだけでいいんです
?
親でもわかる簡単なうちに一緒に家庭学習の習慣を作れば
そのうちひとりでも勉強するようになりますよ
それに 1日5分程度ですが それも難しいですか?
へ?1日5分?
ママーーーッ
たたたたたたっ
わ!
ルイ!!
ぼすっ

ルイくん はじめてなのに よく頑張りました
ほめてあげて くださいね
ワイ
ルイくん バイバーイ
ワイ
ワイ
ワイ
は はい ありがとう ございます
ママ! 英語 楽しかったよ
そう! よかったね
僕…
ここに 通いたい!
本橋英語塾

第1章
解説

ひろつるメソッドで知識ゼロの子がグングン伸びる

私は、いままで大分の英語教室と全国のセミナーやワークショップを通して、5000人の子どもたちを教えてきました。下は4歳から上は18歳です。学年の枠にとらわれない「無学年制クラス」で、みんな元気いっぱい、世界で通用する英語を学んでいます。知識がまったくない子であっても、驚くべき速さで、使える英語を身につけていくのですが、その秘密は、「**知識ゼロの子がグングン伸びる8カ条**」を実践しているからなのです。

1．1週間に1回、75分のレッスン

レッスンは平日の1日のみ。長時間やらない、レッスン回数が多いほうがお得、は間違いです。

2．無学年制&ラウンドテーブル型の授業

教壇や個々の机を置かずに、幼稚園児も小学生も、中学生も高校生も、みんな大きなテーブルで一緒に学びます。

3．最初から難しい英語にチャレンジする！

知識ゼロの小学生であっても、レッスン初日から中学3年生レベルの長文英語を読ませます。音読しながら多読します。

4. 先生の指導や採点がらくになるだけのワークを一切排除

アルファベットや単語の書き取りはしません。それは先生の指導や、採点がらくになるだけで、本当の英語学習には役立たないからです。また歌やゲームでごまかしたり、外国の行事やイベントを押しつけたりもしません。

5. 教えず、解かず、テストせず

ひろつるメソッドでは、大量の英語をインプットすることに時間をかけます。暗記ができたかどうかの確認はしてもテストはしません。

6. 大きな声を出す

単語や英文を暗記するときには、音読し、暗記したら大きな声で暗唱します。

7．スピードを重視し、だらだらやらない

英単語の暗記も英文読解も英作文も、ひとつのタスクは3～7分以内で行います。ひっかかっても止まらずに先に進みます。

8．とにかくほめる

できないことを指摘しないで、できたことをとにかくほめます。

この8カ条を守っていけば、知識ゼロの子がグングン伸びていくのです。

小さいうちは
幼稚なものを
書くよりも
難しいものを
読んで たくさんの
単語や文にふれた
ほうが
英語力アップに
大きく
つながります

なぜ文法をやってはいけないか？

ひろつるメソッドでは、文法を一切教えません。それは文法が真の英語を習得する上で障壁になっていると考えているからです。

学校の授業では、英語の文章を一文読むたびに「これはbe動詞だからどうだ」とか「これは何々にかかる関係代名詞だからこうなんだ」と、文章を文法で「分解」してその構造を説明します。でも、それは「テストで○×がつけやすい」という大人側の都合でしかないのです。

やさしいことを難しく考えるよりも、とにかくたくさんの英文を頭の中にインプットすること、つまり「**暗記**」がひろつるメソッドの不動の大原則なのです。

もちろん、それは家庭学習でも同じです。単語も英文も問題集の答えも、ひたすら大量に暗記します。そもそも単語を知らなければ、英文は読めません。ですから大量に暗記します。英文は、文法や構文を考えずに丸暗記すればいいのです。そのとき大切なのが「**音読**」です。

英文を大量に暗記すれば、そこで使われている文法や構文は、一緒に頭に入ってきます。それが文法だとは知らないで自然に覚えられるのです。これは私たちが日本語を習得していく過程と同じです。幼児が言葉を覚えるときに文法を学ぶでしょうか？

「お母さん、文法って何？」

これは、私の教室に通う当時小学6年生のG君が、お母さんに発した衝撃のセリフです。彼は教室に通いはじ

めてわずか8カ月で英検3級（中学卒業程度）に合格していました。それなのに中学に上がるまで「文法」という言葉すら知らなかったのです。それほど私の教室では文法を一切教えていません。それでも、このような実績が上げられるのです。

和訳もやってはいけない

文法同様、和訳も真の英語を学習する上でやってはいけないことのひとつです。和訳は、必要ないだけでなく英語学習の邪魔になっているのです。

学校の英語授業では、英文を日本語に訳させます。しかも文法というガチガチのルールにはめ込んだ形で訳すことが「よし」とされているのです。

でもこれは大間違いです。

これでは英文を読んでいても、その英文を「日本語で理解する」という厄介なクセが身についてしまい、世界に通用する真の英語力が習得できません。ですから、文法に沿った和訳をしてはいけないのです。単語の意味さえわかれば、文章の意味合いはざっくりとわかります。それでいいのです。

英文は、とにかくざっくり意味がわかればＯＫです。和訳することより、量を読ませましょう。大量の英文を読ませることが何より重要なのです。

その際に、中身のある英文で子どもが興味や関心をそそられるものを読ませるようにしましょう。そうすると子どもは、どんどん英文を読むようになります。

たとえば社会の一員として問題をつねに意識できるように、いま世界で何が起きているかを気にかけ、多様性、

やさしいことを
難しく考えるより
たくさんの
英語を頭の中に
インプットすること

環境問題、地政学、教育、文化……などをテーマにした文章を読ませることによって、子どもながらに世界を俯瞰《ふかん》できるようになります。

教えてもいけない

ひろつるメソッドは、「**家庭学習**」を重視しています。こういうと多くの親ごさんが「自分では教えられない」と尻込みしてしまいます。でも、大丈夫です！

なぜなら、ひろつるメソッドは、「**教えない**」からです。

教えない理由はごく簡単です。私のメソッドの基本は「**暗記**」と「**多読**」なので、親が教えることは何もないのです。

そもそも大多数の親ごさんは、「従来の学校教育育ち」なのではないでしょうか？

ですから、親ごさんが教わった方法で教えることは、**むしろマイナス**になるのです。テストで実力を試し、間違ったところをすぐに復習する。これが勉強の常識とされてきました。

しかし、**ひろつるメソッドは、まるで逆**です。そもそもテストは必要ありません。暗記できたかチェックはしても、間違い探しをするテストは一切しません。覚えていない単語や英文があっても、そこで毎回立ち止まったり、あと戻りしたりしては、なかなか前に進めません。それより、「**できなくても、間違えても、とにかく先へ！**」どんどん先へ進むことで**達成感**を子どもにもたせ、自信をもたせることを重視するのです。

できなくても
間違えても
とにかく先へ
できた！
これもできた！
達成感を覚え
自信をもつことを
重視します

レッスンは短期集中で！

「レッスンは長いほど効果が上がる」という常識も大きな間違いです。

現代は、いかに生産性（時間当たりの成果）を高めるかが大切です。特に小さいうちは飽きやすいので、長いレッスンだと集中力が低下して逆効果になります。そしてそれが「**英語嫌い**」の原因になってしまうことが、大問題なのです。

ひろつるメソッドは、レッスン中に行う課題がすべて3～7分程度です。

「ひとつ終えたら、ハイ、次」……このような

教えず 解かず テストせず とにかく 暗記する！
インプットが 多いと スピーチも 英作文も自然に できます

テンポとスピード感を重視して、1回75分のレッスンで7～8つの課題を終えるようにしています。

課題を小分けにして短期目標の数を増やす。これで1回のレッスンで何回も**小さな達成感**を味わうことができます。この**小さな達成感の積み重ね**が、**子どもの自信とモチベーション**に効いてくるのです。

「文法はやらない」「和訳もやらない」「教えない」「レッスンは短期で」……ここまで読んでいただき、お気づきの方も多いのではないでしょうか。ひろつるメソッドは、どれもこれも現在、学校で行っている英語学習とは、まるで逆のことばかりです。

読者の方の中には、呆気にとられている人もいるかと思います。ですが、これぐらい思い切った勉強法の転換をしなければ、子どもはいつまでも使える英語を身につけることはできないのです。そのことは、いまの日本で、中学・高校の6年間、あれだけ英語の学習をしてどれだけの生徒が英語をマスターできたかを考えてみれば、一目瞭然ではないでしょうか？

英語学習を学校や塾に「**丸投げ**」する時代は完全に終わりました。これからの時代、英語を身につけるために必要なのは「**家庭学習**」なのです。なぜなら、こんな常識破りのメソッドを実践できるのは、家庭学習以外にはないからです。

ハーバード大生に学ぶ外国語学習法

2〜7カ国語を習得しているハーバード大生60名に、「自分の国にいながら外国語を学ぶベストな方法は何ですか？」というアンケートをしたことがありました。

するとほとんどのハーバード大生が「外国語の文化やエンタメにどっぷりとハマる」という答えでした。そして、さらに具体的な方法として次のようなことを挙げていたのです。

それは……

「話すときは間違いを恐れない」

「間違いを指摘するような環境を作らない」

「いちいちテストしない」

「教科書以外の本を多読する」

「朗読する」

「語彙《ごい》を増やす」

などでした。さらに……

「オープンマインドになる」「社交的になる」「好きなカルチャーについて友人と外

国語で語り合う」「外国語のコミュニティを作る」「アプリを利用する」「資格試験を受ける」「日記をつける」「短編映画を作る」「小説や詩を書く」「ゲームを作る」「アートを作る」……といったアウトプットにまで発展していくのです。

ハーバード大生の親が大切にしていること

私はいままで自分が設立したサマースクールの講師陣を採用するために、約700人のハーバード大生の履歴書を読み、エッセイを吟味し、そのうちの200人以上と直接面接を行ってきました。彼らの99%が口をそろえて言うのは、「**学習は家庭が基本、両親は私の最初の先生、いまの私があるのは親と兄弟のおかげ**」ということです。親がしてくれたことで、特に大切に感じたと彼らが挙げているのは次の

3つでした。

❶何でも挑戦させてくれ、できないものは「失敗しても問題ない」と明るく受け止めてくれた。できるものは興味がもっと湧くように工夫してくれたので、もっともっと好きになり、自分で努力したらどんどんうまくなった。うまくなるとほめられるので、ますます上手になって得意分野になっていった。

❷オープンマインド＝新しいアイデアを柔軟に受け入れる姿勢や、自分と異なる人の意見をよく聞くことを習ったので、他人を尊重する態度が培われた。結果、リーダーとして活躍する素地ができた。

❸「勉強しなさい」「宿題をやりなさい」「練習しなさい」と一度も言われたことが

ない。勉強はいろいろな体験を通じて「勉強への強い興味」が湧くように導いてくれた。宿題は一緒に取り組んでくれた。スポーツや音楽の練習は、つねに見守ってくれた。

どうですか？　明るくて、行動力のある、とても仲のよい家族の姿が目に浮かびませんか？

家庭学習は、家族全員が仲よくすれば、それだけで成功したも同然なのです。

いまこそ、親子で家庭学習

２０２０年より、小学5年生から英語が正式な教科となります。

しかし、教える側の先生の問題もあって、すぐに「ハイ、スタート！」と、実施できる環境には到底ありません。では、どうなるのでしょうか？

それは、いままで中学校でやっていた文法中心の中学英語を小学生に下げて教えるしかないのです。つまり、いままで失敗している学習方法をそのまま小学校にも適用させようとしているのです。これでは教育現場は混乱します。

そして、その被害を受けるのは、子どもたちなのです。

ひろつるメソッドは、日本で唯一の「12歳以下の子どものための本格的な英語メソッド」です。せっかく世界に通用するメソッドがあるのですから、これを活かさない手はありません。とにかく最初だけでも家庭で親がサポートし、道筋をつけてあげてください。

たとえ親が英語を苦手としていても、メソッドどおり

にやれば誰でも必ず、本物の英語力を子どもに身につけさせることができます。親が家庭で最初の先生になるのです。

それに親が英語が不得意だとしても、子どもが得意か不得意かにはまったく関係ありません。子どもの可能性をどうか信じてあげてください。「英語は難しい。だから幼稚な12歳までの児童には、果物や動物の絵を見せて単語の発音をするだけでいい」という大人たちの偏見が、子どもたちの可能性をつぶしているのです。

さあ、いまから学校ではなく、家庭で英語学習をはじめましょう！

いまからやっておけば、子どもには学習習慣が身につきます。語学は学校と塾だけでは決して身につきません。継続的に英語4技能を使っていかなくては、すぐに忘れてしまいます。未来を作る資源と能力としての「世界基準の英語力」は家族みんなで習得するのが、最善の策なのです。

第2章

家庭で身につく世界基準の英語

Story 2

子どもの可能性を信じる！

文法も教えないテストもしない…
その塾本当に大丈夫なの!?
ピコン!
わからない… でもルイがその塾に通うのをとても楽しみにしているの…
カカカカカカカカカ!
送信!
行ってくるわ
あ パパ!今日はルイと英語の塾に行くから 帰りは遅くなるかも!
たぶんうちらのほうが早いと思うけど…
ハイハイどうぞご自由に
バン!!
めんどくさいなあ…
はーまだ怒ってる
ことっ…
咲 大丈夫かな~

あの子 昔から
単純でだまされ
やすいとこある
から…
星川《ほしかわ》 麗華《れいか》
咲の友人
咲ってば せっかく
ルイくんに優華の
行ってる塾 紹介
してあげたのに
1日で
やめたのよ
もったいないわねー
星川家
星川《ほしかわ》 優華《ゆうか》
麗華の娘
やめたほうが正解かも
ごちそうさま
ガタ…
ちょっと
優華
どういう
意味…⁉
バタン…

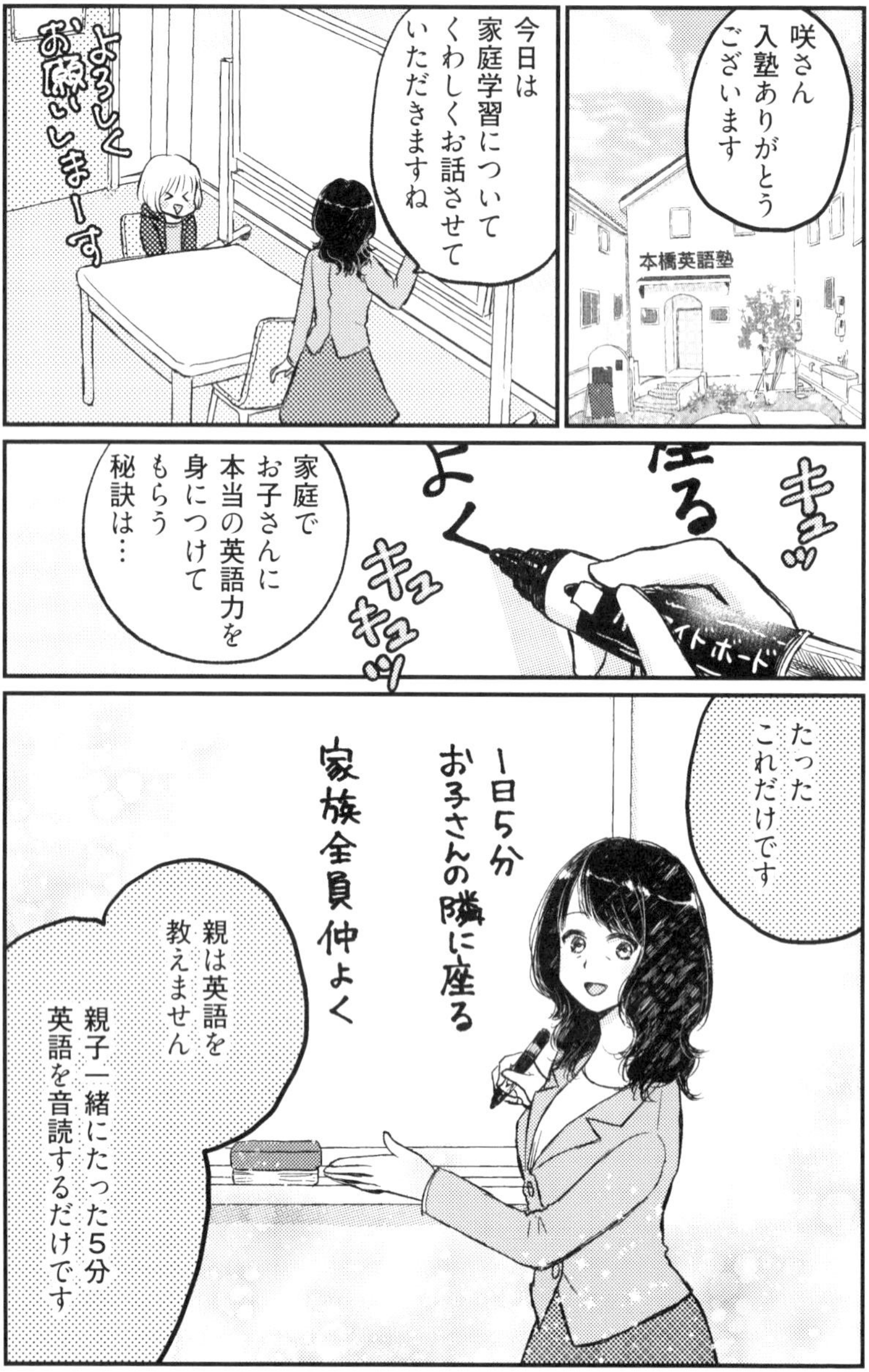
咲さん
入塾ありがとう
ございます
本橋英語塾
今日は
家庭学習についてくわしくお話させていただきますね
よろしくお願いしまーす
キュッ
座る
よく
キュキュッ
イトボード
家庭でお子さんに本当の英語力を身につけてもらう秘訣は…
たったこれだけです
1日5分
お子さんの隣に座る
家族全員仲よく
親は英語を教えません
親子一緒にたった5分英語を音読するだけです

どうですか？
1日5分
お子さんの隣に座る
家族全員仲よく
これならできそうだと思いませんか
1日5分 ルイの隣に座るのはわかります
一緒に学習するんですよね
ズゴゴゴ
だけど「家族全員仲よく」って関係ありますか？
私とルイが仲よくするだけでじゅーぶんじゃないですか!?
はい 家庭でトップクラスの英語を磨くには家庭円満が9割です
おいおい説明しますね
おうちで何かありましたか？
1日5分 お子さんの隣に座る 家族全員仲よく
たいしたことないんですが…思い出したらムカついてきました
イラ イラ イラ イラ
大丈夫です

このメソッドで家庭学習を体験したら家族みんながハッピーになり
HAPPY!
考えすぎでうまくいかなかったことがうそのように吹っ切れて好循環になります
ほんとですか…?
教室の親ごさんからはこんなメッセージをもらっています
このメソッドをやったら家族がとても仲よくなった
Aさん
最初は無関心だった夫が進んで参加し子育てについての会話が増えた
Bさん
子育ての苦しさから解放され自然体で子どもと接するようになった
Cさん
咲さんも一緒にハッピーの好循環を手に入れましょう
うう…本当に家庭学習でそんなことが…?
そして子どものやる気を引き出し自信をもたせる魔法のアクションがあるんですが…
何ですかそれは!?

咲さんは
ルイくんに
やる気を出して
ほしいとき
どんな声がけを
していますか
キュキュッ
うーん
これができたら
おもちゃ買って
あげるよ！
…とか
遊園地に
行こうか！
とか…
そんな
ことしか
思いつき
ません
ダメ親ですね
答えは
簡単ですよ
誰にでも
できます
それは…
ほめること
です
子どもは
ママとパパが
大好きです
大好きなママとパパに
ほめてもらうことが
何よりの喜びなのです

毎日歯磨きできてえらいね
ちゃんとおもちゃを片づけられたね
どんなささいなことでも親からほめられ認められるとそれは子どもにとって自分はできたという成功体験になります
たとえば1日20個の英単語を覚える目標で8個しか覚えられなかったとします
8個も覚えられたなんて すごいじゃない!
ほめる
まだ12個も残ってるじゃない!
マイナス面を指摘する
どちらが心に響くでしょうか
ほめられれば8個は成功体験になります
もっとママにほめてもらいたい!
自分はできる もっとできるはず
小さな子どもにとってこうした思いは大きなやる気の源になります
すると8個が10個になり15個になり やがて600個覚えられるようになるでしょう
ママ!できたよ~
きいてきいてー
ええっすごい!

間違いは聞こえないフリでOK
すごいじゃない よく読めたねのひと言とスキンシップが次回への意欲になります
なのでできてもできなくても
子どもがやる気になる魔法のアクション
ほめる
スキンシップ
1レッスン終わったらすごい！よくできたねとほめて
思いっきり抱きしめてください
ええっ
なんだか恥ずかしい……
昔はやってたでしょ？
すごい！ルイ天才
……やってたかも…
そしてポイントはダラダラやらずに短時間にテンポよく
飽きる1分前には切り上げましょう
飽きる1分前？
手遊び あくび キョロキョロ 頭を何度もかく 足をブラブラ …など
ストレスを体で表現しはじめるまさにその瞬間が飽きる1分前です

大切なのは英語の学習時間がママを独り占めできる至福の楽しい時間であること
英語の時間が楽しくて待ち遠しい…それが大事なのです
いままで真逆のことしてたかも
わかりました!やってみます
ではまず英単語からはじめましょう
はい
英語は単語が9割です
じゃーん!!
どんなに長い複雑な英文も　すべては単語が集まってできています
まずは何よりも英単語をたくさん覚えることが大事です
これは…?
おススメの単語帳です!
『英検5級 でる順パス単』(旺文社)
英検5級　つまり中学1年生レベルの英単語が600語入っています

小さくて薄いしコンパクトですね
これなら大人でもできそうでしょ
はい
これを3カ月で覚えることを目標にしましょう
ええっ！中学生が1年で覚える量ですよね!?
でる順パス単
世界で使われる英語に中学用も高校用もありません
英単語は何歳でも何年生でも
好きなときに好きなところからはじめていいんですよ
子どもは大人が思っている以上に高い語学力や新しい言葉を吸収し身につける能力をもっています
はい今日はおしまーーい
ワイ
ワイ
ワイ
ルイくんの可能性を信じてください
ママー、今日も楽しかったよーー

1日たった5分
らくらく英単語暗記法〈準備編〉
◆教材
『英検5級 でる順パス単』
◆用意するもの
『英検5級 でる順パス単』
付属の赤シート
音声データ再生機器
ストップウォッチ
鉛筆　赤ペン
100均のカゴなどに
・お子さんの名前
・開始／終了予定の日付
を書きます。
暗記セットを作って いつでもはじめられるようにしておきましょう
準備❶ 音声データを用意
「パス単」には無料音声データがついています
タブレットにアプリを入れてすぐ再生できるようにしとこう
準備❷ 覚える範囲を明確にする
1日20語　最初と最後にふせんを貼り　覚える範囲をはっきりさせます
ぺたっ
今日は1〜20まで！
「ここまで覚えたね」とふせんをはがすことで最初の達成感になります
準備❸ 英単語1語に日本語1語を選ぶ
日本語訳をひとつに限定し　鉛筆で丸く囲みます
have
ハヴ
[hæv]
を持っている
を食べる
飲む
を受けとる
準備❹ 助詞・助動詞は無視 読めない漢字によみがなを書く
シンプルで覚えやすくするため日本語の「〜を」「〜に」といった助詞は囲みから外してください
読めない漢字には赤ペンでよみがなをつけて難しい表現はわかりやすく書き直してください
遊《あそ》ぶ
[を好む]
すき
がほしい
ひとりで英単語がだいたい読めるようになったら英単語についているよみがなは消してください
watch
ワ(ー)ッチ
[wɑ(ː)tʃ]

〈実践編〉
①音声データを再生
もしくは親が音読します
do
②音声を聞いたらすぐ
お子さんに同じように
英単語を読ませます
do
③そのとき　指で1字1字
なぞり読みさせてください
なぞることで
指先に神経が集中して
目からも覚えられます
④次にすぐ英単語に対応
する日本語を音読します
する
テンポよく
リズミカルに読むのが
コツです
⑤20語全部同じように音読します
同じ要領で1日分の20語について
①〜④の手順で音読
なぞり読みを行います
like
すき
have
持っ
20語で
約1分です
⑥最初からもう一度
その20語を1語ずつ
眺めます
声は出さず
じっと眺めて
目で暗記します
全体をひとつの絵として
見るようなイメージです
20語すべて眺め終えたら
1日分1セットが
終了です
計約2分
約1分で
完了！

すごい簡単！
これなら私でもできそう！
進堂ルイ
3.15～6.15
月曜日（1日目）
ルイおいで～
なあにママ
ててて…
塾でかっこよく英語が読めるようにママと練習しよう
ママも一緒に…？
そう！ママもルイと一緒に英語のお勉強するわ！
……
うん！
単語帳にはルイくんの名前を書かせてください
しんどうるい
「これは自分の大切な本」という意識が芽生えます

今日からはじめて3カ月後にこの単語帳の単語を全部覚えるのが目標だよ
はーい
じゃあはじめるよ～
ピッ
do
どぅ
する
like
わいく
すき
have
はーふ
もつ
なにそれ！もっとお手本の音声をちゃんと聞かないと…
ヤキ
モキ
ちょっと待ってちょっと待って!!
なに？
ストーップ
ガタッ
間違いを指摘しない
あ…

ううん
いい感じよ
にこっ
この調子で
どんどん
いこう！
はい
おしまい！
え
もう
おしまい？
1日20個で
いいんだよ。
あとはもう1回
いまやったとこを
目で見て確認する
のよ
……
……
じーっ
ちゃんと
できてるの
かなー
ヤキモキ
暗記よりも
音読に
焦点をあて
できても
できなくても
ほめる
ううう〜っ
終わったら
ぎゅっと
抱きしめて
あげてください

できたよ
すごい！よくできたね
ぎゅっ
な何ママ痛いよ
ルイすごい！天才！
ええっ
はいじゃあ今日はこれでおしまいね
えー僕もっとできるよ

いいの
また明日
よくできたね
ぽんぽん
パパ
おかえりー
あっ
ただいま
ガチャッ
?
?
スタ
スタ
スタ
ににに
ハッ
ケンカしてるんだった！
パパおかえりーー
ビクッ
ただいま
ルイ
うおおおおっ
一生の不覚じゃー

火曜日（2日目）
火〜金の4日間は
まず前日までに
やった英単語全部を
「なぞり読み」で
音読します
そのあと　その日の英単語
20個を「なぞり読み」で眺めて
音読します
さぁ
今日も
やるよ
まずは昨日やった
英単語を
復習するよ
do
どぅ
する
like
①前日までの単語を
なぞり読みで音読する
②その日の単語20個を
なぞり読みで音読する
今日は
21〜40までだよ
speak
すぴーく
はなす
③眺めて暗記する
ルイ
すごい！
④最後に思いっきり
ほめて抱きしめる
もうママ
いつもなに〜？
……
きゃっ
きゃっ
1週間のスケジュール
1日目（月）20単語
2日目（火）1日目の20個＋当日の20個
3日目（水）2日目の40個＋当日の20個
4日目（木）3日目の60個＋当日の20個
5日目（金）4日目の80個＋当日の20個＋赤シートチェック
＊土日はお休み

ここは1回ざっと音読するだけでOK。小さなお子さんは、当日の20個だけでもOK。

金曜日（最終日）
最終日は
いつものレッスンのあと
覚えたかどうか
チェックします
最初は
やきもきしたけど
どんどん上手に
なるなあ…
子どもは
大人が思って
いる以上に
高い語学力を
もっています
ルイくんの
可能性を
信じてください
咲さんはただ
ニコニコして
ルイくんの隣に
座っているだけで
いいんです
真理子先生の
言うとおり
間違いを
指摘する必要なんて
なかった…
なんか
肩の力が抜けたみたい
安心して
ルイを見ることが
できる
できたよ！

じゃあチェックするよ
うん
ドキドキ
赤シートで日本語を隠した状態で最初から100語まで「英語→日本語」「なぞり読み」を交互にしていきます
do
する
日本語が出てこなかった単語は各単語の横についているチェックボックスに鉛筆でチェックを入れます
016
live
リヴ
[liv]
40~50個覚えてたらパーフェクト
20個でもすごいです
できたことをほめてあげましょう
すごいルイ！
こんなに覚えられたの!?
えへへ…
チェックした英単語を①~⑤の手順でなぞり読み音読と眺め暗記でもう1度暗記し直します
ガンバレ~
暗記ができたらチェックボックスのチェックを消しゴムで消しましょう
できた！
ゴシゴシ
016
live
リヴ
[liv]
017
チェックをすべて消せたら終了です

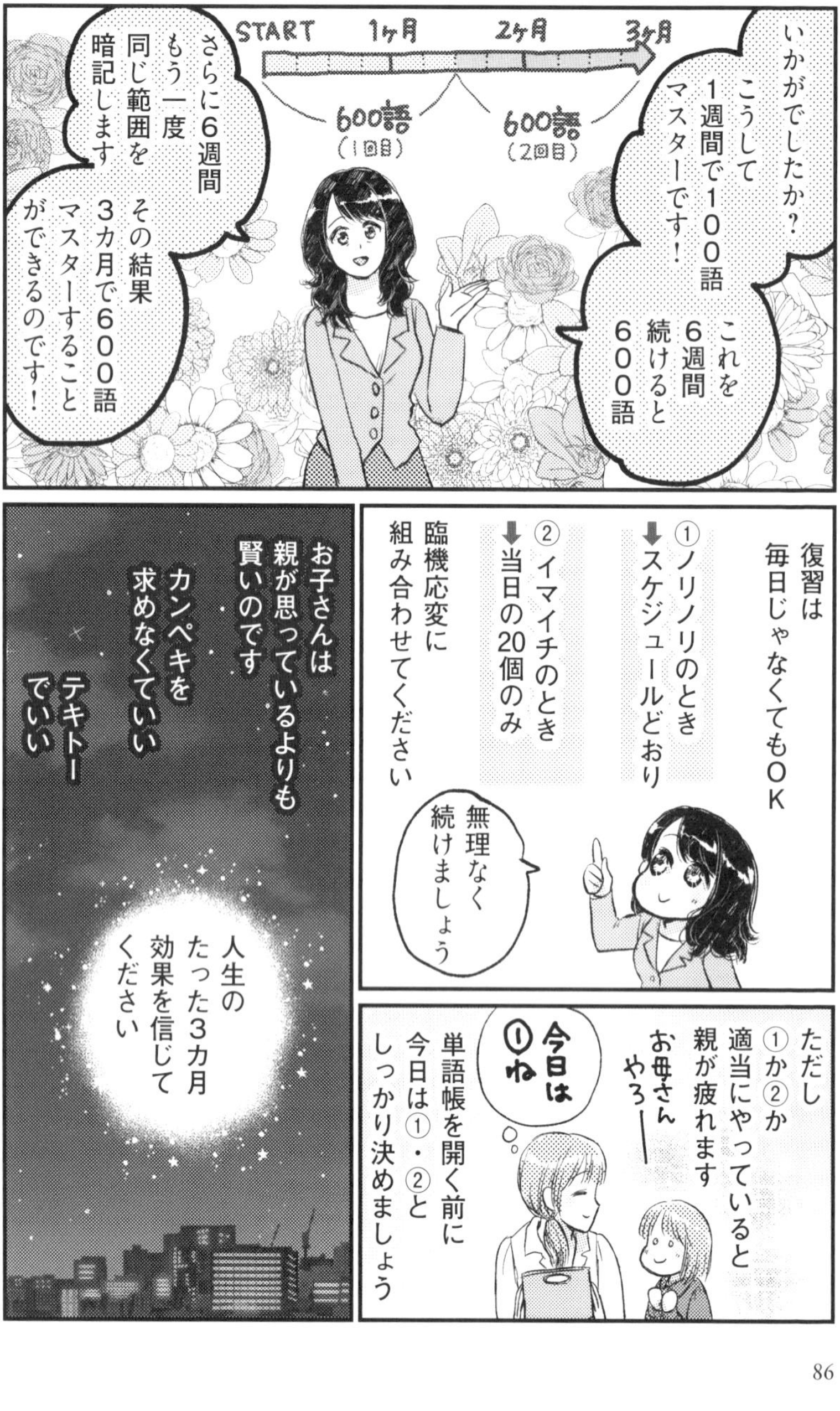

いかがでしたか？
こうして1週間で100語マスターです！
これを6週間続けると600語
START 1ヶ月 2ヶ月 3ヶ月
600語（1回目）
600語（2回目）
さらに6週間もう一度同じ範囲を暗記します
その結果3カ月で600語マスターすることができるのです！
復習は毎日じゃなくてもOK
①ノリノリのとき
⬇スケジュールどおり
②イマイチのとき
⬇当日の20個のみ
臨機応変に組み合わせてください
無理なく続けましょう
お子さんは親が思っているよりも賢いのです
カンペキを求めなくていい
テキトーでいい
人生のたった3カ月効果を信じてください
ただし①か②か適当にやっていると親が疲れます
お母さんやろー
今日は①ね
単語帳を開く前に今日は①・②としっかり決めましょう

すごい…!
英検5級の英単語…
100個も覚えた…
うん!僕もっと覚えたい!
ママ明日も一緒に英語のお勉強しよう!
パパッ
じーーん
見た!?聞いてた!?
ああ…
すごいな

第2章
解説

子どものハートに火をつけよう！

家庭学習が重要だといままで述べてきましたが、では、どのように子どもと接していけばよいのでしょうか？

まず、親であるあなたが、何があっても動じない平常心と大きな心でわが子を見守ることが求められます。あなたのお子さんは、未来を担う存在です。「勉強や生活態度程度の些細なことで、腹を立てても仕方がない」といった寛容な心で接していきましょう。

家庭で問題が起きれば、必ず子どもに影響します。そのため、**親自身が自分を見つめ直すこと**、**家族全体が仲よくすること**も大切になります。デキる子を育てるには「勉強しなさい！」とせまるより、「ニコニコ」家族でいるほうがずっと効果的なのです。

具体的には、毎日、頭をなでて抱きしめましょう。そして毎日「好き」と言いましょう。ボディタッチを増やし、目をじっと見て話しましょう。そして、毎日、子どものいいところを見つけてほめましょう。

また、ハーバード大生の例にもありましたが、親が子どもの好きなことや、自分にしかできないことを見つけるサポートも大切です。これが「子どものハートに火をつける」ことになるのです。子どもは、好きなことは「やめなさい」と言われてもやめません。ハートに火がつけば、子どもは、自分から、どんどん進んで勉強するようになります。

モチベーションアップ　3つの家庭環境

ひろつるメソッドでは、**親は英語を教えません。サポートするだけです。**では、親はどのようなサポートをすればいいのでしょうか？　その答えは、「**子どものやる気を引き出す**」ことです。親は、飽きっぽく、遊びたい盛りの子どもの「よし、勉強しよう！」「もっと英単語を暗記したい！」「英文を読むのが楽しい！」という学びの意欲やモチベーションを引き出さなければなりません。そのために親は「**英語を身につけるための家庭環境**」を作ります。ポイントは3つです。

❶ **続けられる環境を作る**

❷ **会話する環境を作る**

❸ 安心できる環境を作る

当たり前のことですが、英語は１日や２日では習得できません。大切なのは「続けること」です。幼稚園児や保育園児、小学生は遊びたい盛りです。親ごさんたちからも「ウチの子は飽きっぽくて」とか「すぐ飛びつくけど、すぐに別のことに気が移る」といった声がよく聞かれます。

しかし、子どもは何にでもすぐに飽きてしまうわけではありません。

たとえば、スマホゲームをしている子どもを見ればおわかりいただけると思います。自分自身が楽しい、面白いと感じることは、夢中になって何時間でも何日でも続けられるのです。それならば、英語の勉強が子どもたちにとって「楽しい」「面白い」と感じられる

ようにしてしまえばいいのです。私の教室に通っている生徒の家庭でも、さまざまな工夫を凝らしているお母さんがたくさんいらっしゃいます。それをご紹介します。

続けるための工夫

牛乳パックを開いて乾かし、その裏に英語の課題を書き写します。たとえば、次ページ図のように、上段に❶department ❷document ❸effect……などの英単語を書き、下段に❶ぶもん ❷きろく ❸こうか……のように意味を書きます。

そしてこれを見ながらお風呂の時間に親子で音読すれば、その時間は親子の楽しい時間になります。牛乳パックなら防水加工してありますし、お金もかかりません。子どもと一緒に作れば、その時間も親子の楽しいひとときになります。

また、勉強する部屋にマグネットボードをかけておき、勉強したいと思ったらすぐに、教材を貼って見られるようにしているお母さんもいました。

小さな子どもには、教材の字が小さすぎて読みにくい場合もあります。そのときは、100円ショップでスケッチブックを買ってきて、手書きで拡大します。そして、たとえば「What do you want to eat for lunch?」という質問は赤ペンで、「I want to eat curry.」という答えは黒ペンで書くといった工夫をしているお母さんもいました（拡大コピーして

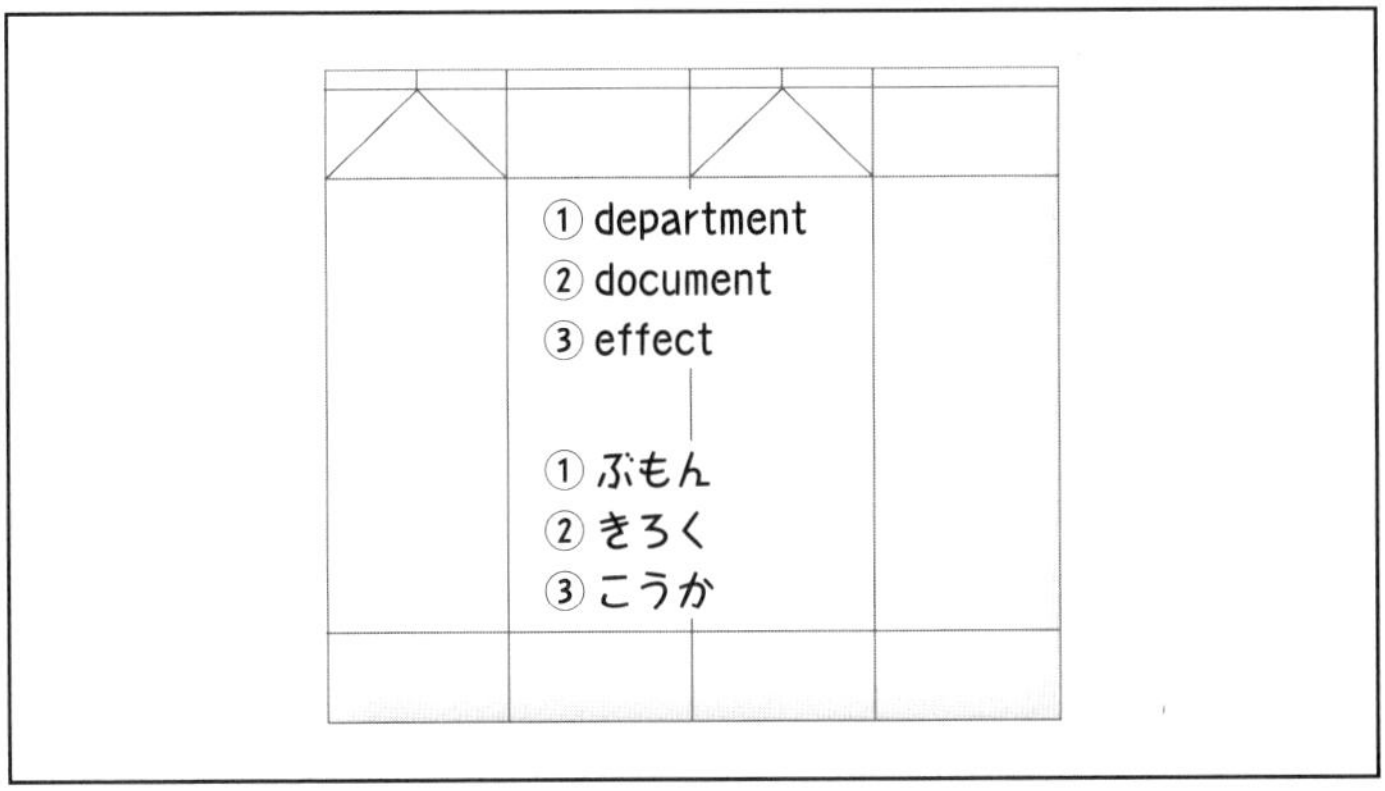

もかまいません)。

また**ふせん**も強い味方になります。まず、カラフルなふせんを用意します。もし英単語の勉強でしたら、今日暗記する範囲の最初と最後にふせんを貼っておきましょう。そしてその日のレッスンが終了したら、「ここまでクリアね!」と言ってベリッとふせんをはがします。そして次回の範囲にふせんをつけ替えて、ふせんの上のほうに今日の日づけを見えるように書きます。

そうするだけで子どもは「ああ、すっきり!」「全部やり終えた!」と**プチ達成感**を味わうことができ、これが継続する力を身につけるきっかけになるのです。

さらにこのプチ達成感によって子どもは**楽しい**と感じ、やる気を引き出す**大きなエネルギー**となるのです。

また、継続のためには、飽きる1分前にやめることも重要です。飽きてしまってからでは、子どもは英語学習を楽しいと思わなくなってしまいます。飽きて投げ出してから終わるのではなく、「**飽きる1分前**」に切り上げましょう。

「飽きる1分前」はお母さんが感じ取ってください。慣れればすぐにわかるようになりますが、参考として次の態度に注目するといいでしょう。

「手遊び」「あくび」「キョロキョロ」「頭を何度もかく」「足をブラブラさせる」など、これらの態度は、ストレスを体で表現しはじめる瞬間です。

これが「飽きる1分前」です。

会話あふれる家庭環境

グングン英語力が伸びる子どもたちにはある**共通点**があります。それは「**家庭に会話があふれている**」ということです。私は、5000人の生徒を見てきましたが、英語ができる子、上達が早い子は、**みんなおしゃべりで、人と話すことが大好き**です。

日本語でおしゃべりが好きな子は、英語でもたくさんおしゃべりしたいと思っています。英語を習得できればおしゃべりの道具を手に入れることになりますから、「伝えたい気持ち」の強さが英語を学ぶ大きなモチベーションになるのです。だからおしゃべり好きの子は英語の上達が早いのです。

もちろん、家庭でのおしゃべりは英語である必要はありません。日本語で充分です。「学校での出来事」「友だちのこと」「テレビの感想」「好きな食べ物のこと」……など、話題は何でもいいのです。

ただ大切なことがひとつだけあります。

それは、**子どもを100%肯定する、全身で受け止める**ことです。

そうすれば、子どもは100%心を開いて、親にどんどん話しかけてくるようになるのです。

「あなたを全身で受け止めています」ということを示すには、次の5つが大切になります。

❶笑顔で接する

❷ **聞き上手になる**

❸ **一方的に非難したり、会話をさえぎったりしない**

❹ **感情的にならないように自分の顔つきや態度を抑制する**

そして何より、

❺ **子どもを肯定する前に親が自分自身を１００％肯定する**

英語力をアップさせる上でも家庭でのおしゃべりの時間は本当に大切です。親子で交わす毎日の会話を通して徐々に語彙を積み重ねていくと、そこには膨大な単語帳ができ上がるのです。

ほめることは魔法のアクション

子どものやる気を引き出し、「次も頑張る」と思わせ、「自分もできる」と自信をもたせる**魔法のアクション**があります。それは「**ほめる**」ことです。

子どもはママとパパが大好きです。大好きなママやパパに「すごいね」「よくできたね」とほめてもらうことが何よりの喜びです。

「ちゃんとおもちゃを片づけられたね」

「毎日歯磨きできてえらいね」

どんな些細なことでも親からほめられ、認められると、それは子どもにとって「自分はできた」という成功体験になるのです。

小さな成功体験を積み重ねていくと、「自分はできる。だからもっとできるはず」という自信が芽生えてきます。自信が深まれば、もっとやる気が湧いてきます。ほめられるという成功体験によってやる気スイッチがオンになり、子どもはどんどん成長していくのです。

1日20個の英単語を覚える目標で、たとえ8個しか覚えられなくても「8個も覚えられたなんてすごいじゃない！」とほめてあげましょう。もし「まだ12個も残ってるじゃない！」とマイナス面を指摘してしまうと、子どもの心に「自分はできなかった」という意識が残り、やる気をしぼませてしまいます。これでは、元も子もありません。

ほめられれば、8個覚えたことは成功体験となり、やがて8個は10個になり、15個になり、結果的に600個覚えられるようになります。

ママにほめてもらいたい。「すごい」と言われたい。ママに見てほしい。小さな子どもにとって、こうした思いは、大きなやる気の原動力になるのです。

できたことを見つけて、とことんほめてあげましょう。よく「ほめて育てると子どもが調子にのる」といったマイナス面を強調する人がいますが、気にしてはいけません。親としての自分の感覚に自信をもってください。

１００％子どもを肯定しましょう。そうすると親の心も洗われるのです。

特にほめるところが見つからないときでも、身も心も子どもに向けて話を聞いてあげましょう。笑顔でニッコリ、聞き上手になることでも、それはママが全身でわが子をほめていることになるのです。

子どもが安心できる親の無償の愛

「英語を身につけるための家庭環境」の3つ目のポイントは「安心できる環境を作る」でした。子どもが安心できるのは、親の無償の愛に包まれているときです。

あるお母さんはこう言いました。

「親が子どもと一緒にすごせる期間は長くはありません。
だから子どもと学びを共有する時間はすごく大切なのです。
息子のそばで一緒に学び、その成長や上達を一緒に喜ぶ。
そんな時間を私も楽しみたいと思っています」

子どもは時とともに成長し、自立し、大人になっていきます。

親にとってみると、とても嬉しい反面、どこか寂しいことでもあります。

ママやパパが無条件で大好きで、ほめられたら素直に喜んで、認められたら嬉しくて、ひとつできたら誇らしげに教えにくる。そんな子ども時代は短く、すぐにすぎ去ってしまって、そして二度と戻ってきません。だからこそ、一緒にいられるときは、ありったけの愛情を注ぎ、頑張りを応援し、あたたかく見守ってあげてください。

親の無償の愛を感じるのはやはり、一緒にいるときです。そばにいて一緒に笑ったり、喜んだり、遊んだり、学んだり……それは子どもにとってママを「**ひとり占め**」できる一番幸せな時間なのです。だから家で英語の勉強をするときは、親もそばに寄りそって学んでくださ

咲さんはただ
ニコニコして
ルイくんの隣に
座っているだけで
いいんです
真理子先生の
言うとおり
間違いを
指摘する必要なんて
なかった…

い。

大好きなママが一緒だから勉強も楽しくなる。一緒で楽しいから毎日やりたくなる……絶対的な愛情を注いでくれる親の存在そのものが、子どものやる気を伸ばす最大のモチベーションになるのです。

暗記よりも
音読に
焦点をあて
できても
できなくても
ほめる
ラララ〜♪
終わったら
ぎゅっと
抱きしめて
あげてください

お母さん、お父さんと一緒が最強

子どもは大人が思っている以上に高い語学力、つまり新しい言葉を吸収し、身につける能力をもっています。その優れた潜在能力を引き出せるのは親しかいません。なぜなら、幼稚園児や小学校低学年の子どもたちは、大人より経験値が低いので、自分たちだけではその能力を充分に発揮できないのです。かといって学校では、学習レベルをトップの子どもに合わせるわけにはいかないので、その能力を開花させることはできません。

一番近くにいる大好きなお母さん、お父さんが一緒に、いつも隣にいて、支えてくれることが、子どもの能力を最大限に引き出すための要因なのです。

私の教室に通う親ごさんがこうおっしゃっていました。

「息子が『ママが一緒だから楽しいし、やる気が出る』『ママが一緒にやってくれると安心感がある』と言っています」

親子で遊ぶように楽しく覚える。覚えたことをママやパパにほめられることで、次もほめられるようにますます頑張れる。このような好循環によって子どもはだんだんと暗記が好きになっていくのです。

イヤイヤやっていたのでは、覚えることはできません。大好きなママやパパと一緒だから覚えられるのです。「暗記する時間はママと一緒の時間」と子どもが思ってくれれば、モチベーションは高まります。「勉強しなさい」「暗記しなさい」と子どもを勉強部屋に押し込むだけでは、英語を学ぶ習慣を身につけることはできません。**親が子どものそばにいて、気持ちのサポートをしてあげることが何より大切なのです。**

1日たった5分らくらく英単語暗記法
はじめる前の5つの準備

では、いよいよ3カ月で６００語を暗記する具体的な方法について説明していきます。

まず、英単語を覚えるための教材を用意します。例として英語をはじめて学ぶ子ども用に、マンガと同じように『英検５級　でる順パス単』（旺文社）を使って説明していきます。

これは…？
おススメの単語帳です！
『英検5級　でる順パス単』（旺文社）
英検5級　つまり中学1年生レベルの英単語が600語入っています

音声データを用意する

まず、音声データを用意します。『英検5級 でる順パス単』であれば、音声データが無料でダウンロードできます。

ただ、お子さんのペースに合わせられるので、できれば親ごさんがご自身で読んであげるのがベストです。それに、機械の声より、ママやパパの声のほうがお子さんのやる気が出て、親ごさんも一緒に学ぶことができるというメリットもあります。ですから、最初のうちは英単語も簡単なので、できるところまでは親ごさんが読んであげることをオススメします。決してネイティブスピーカーのようにカッコをつけて読む必要はありません。気楽にはじめてください。

覚える範囲をはっきりさせる

暗記する英単語は、1日20語です。単語帳を開いたら、20語が載っている最初と

最後のページにふせんを貼り、今日覚える範囲を明確にします。

くり返しになりますが、「ここまで覚えたね」とふせんをはがすことが、お子さんにとって**小さな達成感**になります。

◉ 英単語「1語」に日本語「1語」を選ぶ

複数の日本語訳がある場合は、日本語訳をひとつに限定します。

【例】「start」の和訳に「出発する、はじめる」とあったら「はじめる」のほうだけを○で囲みます。すると覚える箇所がはっきりして、「ひとつ覚えればいいんだ」という安心感と、「start」「はじめる」と交互に読むときにリズムがつけやすくなります。

◉ 助詞・助動詞は無視し、読めない漢字にはよみがなを書く

シンプルにして覚えやすくするために、日本語の「~を」「~に」といった助詞を囲みから外します。

【例】「~をつくる」なら「つくる」だけを○で囲みます。

また、読めない漢字には親が赤ペンでよみがなを書き、難しい表現はやさしい表現に書き直します。

【例】「like：好む」→「like：すき」

● 英単語が読めるようになったら、英単語についている「よみがな」を消す

ほとんどの市販の単語帳には、英語の発音がわかるようにカタカナやひらがなで「よみがな」がついています。

こうした単語帳を使うと、子どもは「なんだ、英語は見なくても『よみがな』を読めばいいんだ」と思ってしまい、そうなると学習の妨げになります。ですから、

だいたい英単語が読めるようになったら、水性の黒いサインペンを使って「よみがな」を消すようにしましょう。これで準備ＯＫです。

英語→日本語を交互に「なぞり読み」（月～金の5日間）

では実際にはじめていきましょう。

❶音声データを再生します。もしくは親が音読します。

❷音声を聞いたらすぐに、お子さんに同じように英単語を読ませます。

❸その際に、「いま、自分がどの文字を読んでいるか」をお子さん自身がわかるように1文字1文字指で「なぞり読み」させてください。

1文字ずつ、目、指で追っていく「なぞり読み」をすると、いま自分がどの文字を読んでいるかがわかるようになります。また、なぞることで指先に神経が集中して「目」からも覚えることができます。

❹ **次にすぐ、英単語に対応する日本語を音読します。**

テンポよく、リズミカルに読むのがコツです。

【例】「apple」

音声データもしくは親「アポー」

⬅ **お子さん**「apple」（左から指でなぞりながら「アポー」と大きく発音）

⬅ **お子さん**「りんご」と日本語で発音する（ここまで約2秒です）

同じようにして、20語すべてを❶から❹の手順で暗記します（全部で40秒ほどで終了です。長くても1分ほどです）。

◆「なぞり読み」を終えたら、最初から20語目までを単語帳に出ている順に1語ずつ「じっと眺めて」しっかりと「目で暗記」します。このときは声を出しません。読むというより眺める感覚で、単語のアルファベットを目で追うのではなく、全体をひとつの絵として見るようなイメージです。

これで1日目（月曜日）は終了です。

◆2日目（火曜日）から5日目（金曜日）の4日間は、まず前日までにやった単語を全部「なぞり読み」します。このとき「眺めて暗記」は省略します。そのあとで、その日の課題の20語を1日目（月曜日）に行った手順で暗記します。

この方法だと、2日目（火曜日）は復習に1分かけたとすると約3分で終了し、3日目（水曜日）は約4分、4日目（木曜日）でも約5分で終わります。

◆最後の5日目（金曜日）は、木曜までの工程以外に、赤シートで日本語を隠して覚えられたかどうかをチェックします。ここはくわしく説明しておきましょう。

①今週分の最初のページから80個を「**なぞり読み**」で音読します。
②今日暗記する20個を「**なぞり読み**」で音読し、「**眺めて暗記**」します。
③赤シートで日本語を隠し、最初から１００語まで「英語→日本語」と交互に「**なぞり読み**」をして、覚えているかどうかをチェックします。
④日本語が出てこなかった英単語や覚えていなかった英単語は、それぞれの横についているチェックボックスに鉛筆でチェックを入れます。
⑤チェックが入った英単語を「**なぞり読み**」と「**眺めて暗記**」で覚え直します。
⑥暗記し直したチェックの入った英単語を赤シートを使って再確認します。暗記できていたら、チェックを消しゴムで消します。
⑦チェックが全部消せたら終了です。

これを続けていけば、６週間で６００語を覚えることができます。２０２０年の英語教育改革では、小学校で学ぶ英単語は６００～７００語といわれていますから、そのほとんどをわずか６週間で覚えられるのです。

さらに、もう６週間でもう一度、同じ範囲をくり返し暗記すればより記憶が定着します。その結果、３カ月で６００語をマスターできるのです。

ここで大切なことは、**「１週間で１００語のうち40から50語覚えられたらパーフェクト！」**と思うことです。20語だって素晴らしい！　お子さんには、スタートダッシュでどんどん前に進める子もいれば、スロースターターであとから伸びる子もいます。とにかくできたことをほめて、抱きし

めてあげることが大切です。

３カ月やってみて、お子さんに自信があれば次のステップに進んでもいいでしょう。テキストは、『英検４級　でる順パス単』（旺文社／６８０語）がオススメです。しかし、その前にまずは一回、親子一緒にゆっくり休みましょう。そして次に備えるのです。

あまり自信のないお子さんは、『英検５級　でる順パス単』をもう一度くり返すようにしましょう。

このレッスンを通じてお子さんは次のような素晴らしい経験を積んでいます。

❶グリット（やり抜く力）

私は継続できる力がある。

❷ **自己肯定感**

私は達成感を味わった。

❸ **有能感**

私は小学校4年間分のタスクを3カ月で終わらせることができた。

❹ **安心感**

やればできる。親が見守ってくれる。

やり遂げた経験からくる、この4つのポジティブな気持ちは、一生涯あなたのお子さんを輝かせてくれるのです。

第3章

超・音読法

Story 3

音読は一石四鳥!?

ルイくん いいペースで進んでいますね
本橋英語塾
ほんと夢みたいです
ルイにあんな力があったなんて…
咲さんがたっぷり愛情を注いだからですよ
えへへ 先生のおかげです
それで最近ルイとラブラブなんです
てへっ
よかった 私も嬉しいです
それでルイったらもっと勉強したいって大変なんです
1日5分じゃものたりないみたいで…
そうなんですか!
それなら英単語と並行して**童話の音読**をやってみませんか?
じゃじゃーん!!
童話の音読ですか?

英語を身につけるために必要なのは
たくさんの英単語や英語の文章にふれること
英単語をらくらく暗記する習慣が身についたら
次はとにかく大量の英語長文を読むことです
English
たくさんの英単語を暗記するほど英文が読めるようになるのと同様に
フムフム…
たくさんの英文を暗記するほど多くの英語表現が身につきます
英語長文を読むことを家庭でやるメリット
圧倒的な英語力の伸びしろができる
国語力も比例してグレードアップ
世界の出来事に関心が生まれる
ほかの科目にも好奇心が湧く
家庭でいろいろなテーマの会話が増える
まさに一石五鳥
ハッピーの好循環が起こります

だけどルイに英文なんて読めるかな…
小さいから読めないのではありません
日本の英語教育は諸外国の中でも相当遅れているんですよ
子どもにこんなムズかしい英語
わかるわけがない。
大人が子どもの能力を過小評価して ふさわしい教材を与えていないだけです
世界で通用する読解力を身につけるためには
ABCの書き取りやHello! How are you? ではなく
小さいうちからもっと大量に英語を読む必要があります
子どもはそれができますし じつはしたいんです
英単語も覚えちゃったでしょ?
ルイくんの可能性を信じてください
親が思ってるより賢いんですよね
わかりました やってみます!
おすすめの童話はこちらです
スッ

アメリカの小学2年生レベルの絵本です
Frog and Toad Are Friends by Arnold Lobel (HarperCollins)
Frog and Toad Are Friends
日本では中学の英語副読本のレベルです
なんとなくだけど私でも書いてあることがわかります
おもしろーい
私が英語学習で重要視しているのは
「ひたすら音読すること」
です
音読するメリットは自分で発音した英語を自分の耳で聞くことができること
Frog looked out of the window.
そこからさらに3つの効果が生まれます
① 暗記しやすくなる
② 英語の音に慣れる
③ 英語を英語のまま理解する習慣が身につく
読む力も身につけながら英単語の暗記も聞く力も話す力も鍛えられる
まさに一石四鳥のレッスンです

それに子どもたちは大きな声を出すのが大好きなんですよ
ほんといつも元気ですね〜
そういえばよく見るあの若い先生
発音も素晴らしいし美人だし
あんないい先生よく見つけましたね
あれは私の娘
ランです
フフッ
ええっ
先生の娘!?
さすが先生の娘!
?
アメリカのハーバード大学で学んでいるんですよ
今は休暇中なので手伝ってもらっているんです。
ええ〜っ
どんな特別な教育をされたんですか!?

ごく普通です
高校までは普通の公立高校でした
彼女も家庭学習で英語を習得したんですよ
いまやってるレッスンと同じ方法でですか!?
そうです
じゃあ頑張ったらルイもハーバード大学に行けるかもしれないってことですか!
まさか!!
はい可能です
ルイがハーバード大学に……?
英語が話せたら海外の大学も視野に入れることができます
もちろん卒業生は東大私立有名医学部国立医学部日本の有名大学にもたくさん合格していますよ
くらくら…
すごいですね…

私は毎年
ハーバード大生に対し
さまざまなリサーチを
行っているんですが
彼らの成功要因として
幼少期に培った家庭
学習の影響がとてつも
なく大きいことが
わかってきました
家庭学習が
ですか…？
ハーバード大生の
99％が言うのは
学習は
家庭が基本　両親は
私の最初の
先生です
いまの私が
あるのは親と兄弟
のおかげです
ということです
ハーバード大生が特に
大切だと感じた　親が
してくれたこと3つを
紹介しますね
①何でも挑戦させてくれ　できないものは
「失敗しても問題ない」と明るく受け止めてくれた
できるものは興味がもっと湧くように工夫して
くれたので　もっともっと好きになり　自分で
努力したらどんどんうまくなった
うまくなるとほめられるので　ますます上手に
なって得意分野になっていった
②オープンマインド＝新しいアイデアを柔軟に受け
入れる姿勢や　自分と異なる人の意見をよく聞く
ことを習ったので　他人を尊重する態度が
培われた
結果　リーダーとして活躍する素地ができた
③「勉強しなさい」「宿題をやりなさい」
「練習しなさい」と一度も言われたことがない
勉強はいろいろな体験を通じて
「勉強への強い興味」が湧くように導いてくれた
宿題は一緒に取り組んでくれた
スポーツや音楽の練習は　つねに見守ってくれた

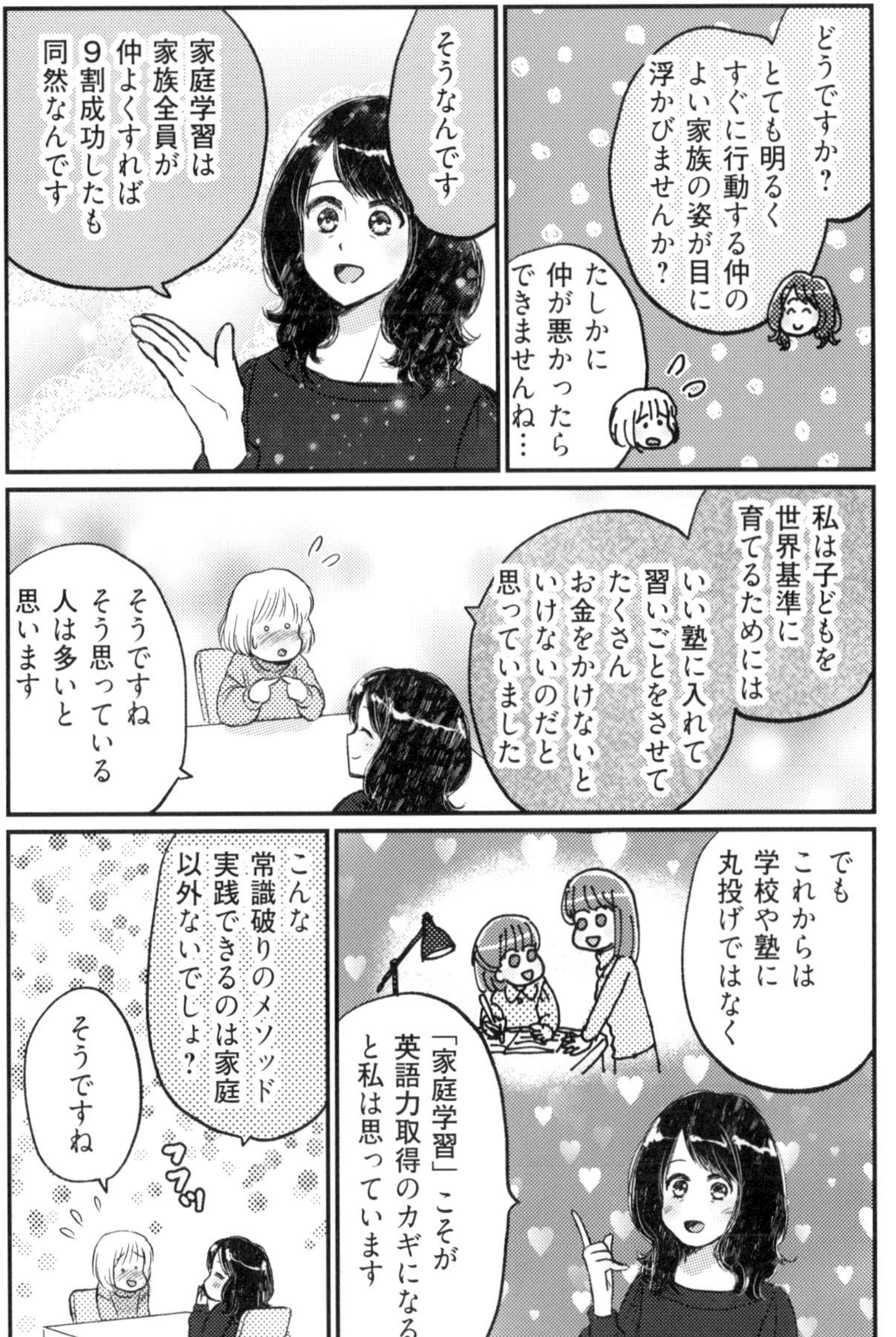
どうですか？ とても明るく すぐに行動する仲の よい家族の姿が目に 浮かびませんか？
たしかに 仲が悪かったら できませんね…
そうなんです
家庭学習は 家族全員が 仲よくすれば 9割成功したも 同然なんです
私は子どもを 世界基準に 育てるためには いい塾に入れて 習いごとをさせて たくさん お金をかけないと いけないのだと 思っていました
そうですね そう思っている 人は多いと 思います
でも これからは 学校や塾に 丸投げではなく
「家庭学習」こそが 英語力取得のカギになる と私は思っています
こんな 常識破りのメソッド 実践できるのは家庭 以外ないでしょ？
そうですね
フフッ

ほんとに私でも子どもを世界基準に育てることができるでしょうか…
そんなに肩に力を入れなくても大丈夫！
親は英語を教えずサポートする
それがこの家庭学習の肝です
サポートとは「子どものやる気を引き出す」これに尽きます
魔法のアクション「ほめる」…ですね
はい
お子さんが自分から学習したくなるそんな「家庭環境」を作ることも大事です
department ②document effect ④item ⑤population position ⑦crime ⑧detail ⑨industry ⑩resident ⑪surface ⑫veterinarian ⑬bacteria ⑭design ⑮device
①ぶもん ②きろく ③こうか ④こうもく ⑤じんこう いち ⑦はんざい ⑧しょうさい ⑨さんぎょう ⑩じゅうみん ⑪ひょうめん ⑫じゅうい ⑬バクテリア ⑭デザイン ⑮そうち
例「防水牛乳パックの裏紙に単語を書いてお風呂で楽しく音読（Yくんお母さん）
楽しいと思えることならすぐに習慣になります
どの親ごさんも楽しみながらやっていますよ
英検3級のかりんちゃんも準2級のりゅうくんも普通の家庭のお子さんですよ
大丈夫！
わかりました！とにかくやってみます
では いまから咲さんに「超・音読法」を伝授しますね

超・音読法
声を出して読む音読に「聞く」要素をミックスした英語トレーニング法です
全部で3種類あります
テキストの音声を使いそのままマネして言うのが特徴です
聞く力 読む力を同時に鍛えられます
①リピート
英語の音声を聞いた「あと」に音読で再現します
Toad was sitting on his front porch.
Toad was sitting on his front porch.
②シャドーイング
英文を見ないで聞こえた英語を「即座に」あとについてマネして言います
その名のとおり影のようにあとについて音声の音マネします
Toad was sitting on his front porch.
Toad was sitting on
③オーバーラッピング
英文を見ながら聞こえてくる英語の音声と「同時に」音読します
Toad was sitting on his front porch.
《始める前の注意①》
日本語でシャドーイングに慣れる
題材は お子さんの好きなテレビアニメや動画サイト（日本語のもの）でOK
なんだアニメか？
うん
これおもしろいんだ
ウィイィィン

聞き終わってからではなく
そのセリフに少し遅れて
重ねるように言うのがポイント
こい悪人ども
こい悪人ども
言葉の意味を考えずに耳に入ってきた音をそのまま再現する
そのことに集中するのがコツです
フラッシュビーム
フラッシュビーム
あっはっはっ
えらいノリノリじゃないか
最近のお気に入りか
……
家庭円満が9割…
笑顔笑顔…
ルイはね英語の特訓中なの
ええっ

そうだよ お勉強してるの!
とぁー
とぁー
そ そうか…
《始める前の注意②》
日本語と絵でストーリーを把握しておく
日本語訳がないときは絵を眺めるだけでも話の理解にとても役に立ちます
たった5分 英語の絵本が家庭でらくらく読める「超・音読法」レッスン
【目標】
1カ月でアメリカの小2レベルの絵本を音読・暗唱する
【教材】
Frog and Toad Are Friends
by Arnold Lobel
The Letter（全12ページ）
【期間】
4週間
1日3ページ音読します
1週間のうち5日間（月曜～金曜）同じ3ページを音読し翌週は次の3ページに進みます
絵本は「超・音読法」のうち「シャドーイング」と「オーバーラッピング」を使います
1日たった5分! 歯磨きのように習慣化してやってみましょう

① 音声データを再生
付属のCDやYouTube の音声などを利用します
② 本を開かず 英文を見ずに流れる音声を「シャドーイング」
聞こえてきた英語をマネてすぐに重ねるように復唱します
意味は考えず音を聞いて再現することに集中しましょう
2メートル先に声を飛ばすようなイメージで元気に声を出してください
Toad was sitting on his front porch.
最初はできなくて当たり前
とっと わ… シ…… …?
front porch.
聞こえたとおりで大丈夫だよ
気にせず止まらずひたすら聞いてどんどん声に出していきましょう
全然聞き取れなかった音声に追いつけずグダグダになった…何の問題もありません！
40%できたらカンペキ 20%でもすごいです
ファイト!!
1章分の「シャドーイング」が終わったらお子さんをほめてあげてください
「どれぐらいできたか」より「やりきった」ことが大事
ルイ!! すごいっ
そこをほめてください

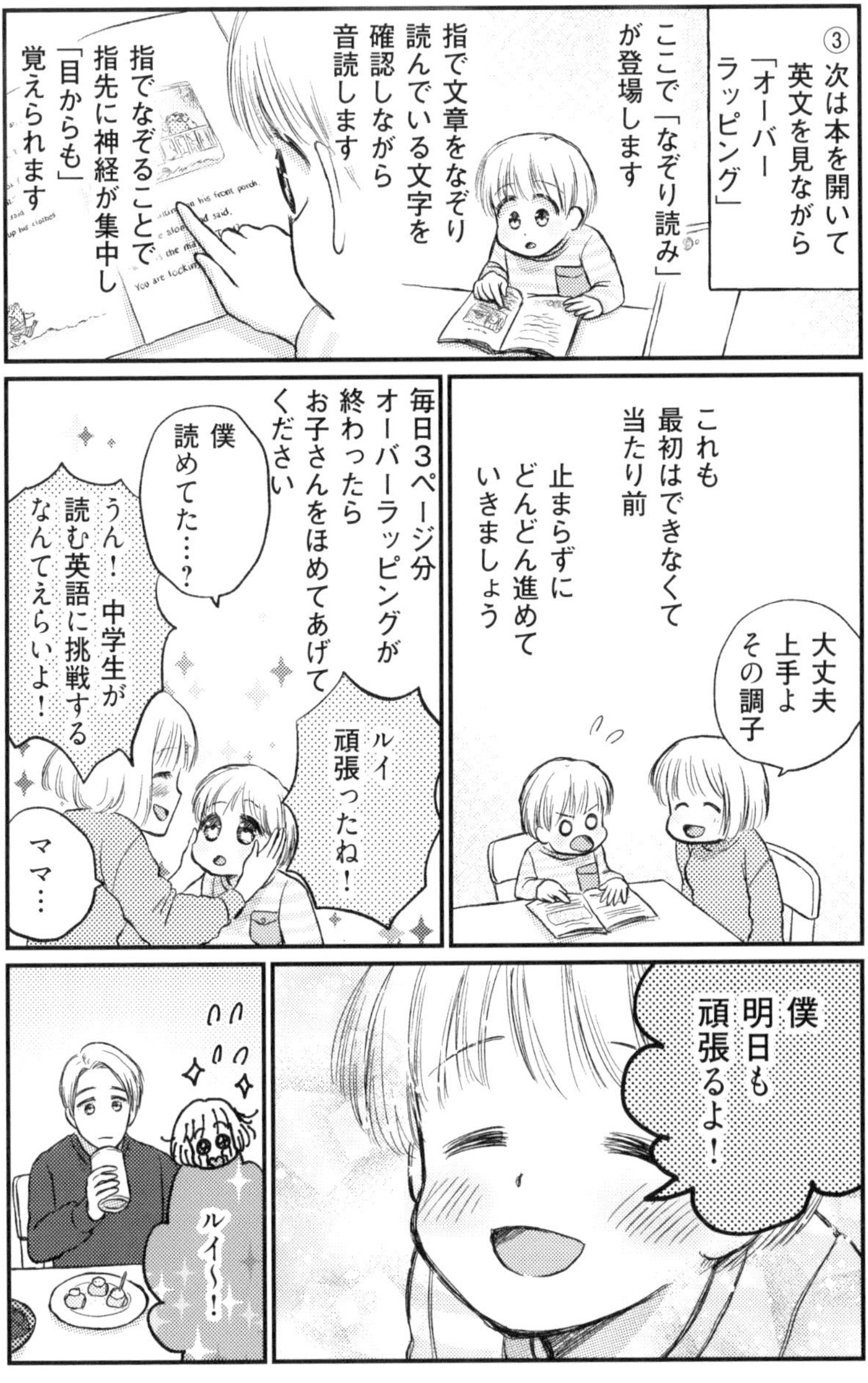
③次は本を開いて英文を見ながら「オーバーラッピング」
ここで「なぞり読み」が登場します
指で文章をなぞり読んでいる文字を確認しながら音読します
指でなぞることで指先に神経が集中し「目からも」覚えられます
これも最初はできなくて当たり前
止まらずにどんどん進めていきましょう
大丈夫 上手よ その調子
毎日3ページ分オーバーラッピングが終わったらお子さんをほめてあげてください
ルイ 頑張ったね！
僕 読めてた…？
うん！ 中学生が読む英語に挑戦するなんてえらいよ！
ママ…
僕 明日も頑張るよ！
ルイ〜〜！

ルイはいま どんな英語の本を 読んでるんだ？
これだよ
すごいな… 英語は おもしろいか？
うん！ おもしろいよ
金曜日
各週最終日の5日目は 音声データを聞かずに お子さんだけで読む ステップになります
今日は 音声なしで 読むわよ
絵本の最初から 3ページを指で なぞりながら音読 します
Frog and Toad sat on the porch, feeling sad together.
読めないところは 飛ばしてOK 先に進むことが 大事です
最後まで読み終えたら 頭をなでて 抱きしめて 思いっきり ほめて あげましょう
すごい ルイ！

僕 英語 読めた
うん！ すごいね ルイ
週に4日「シャドーイング」と「オーバーラッピング」をくり返したことでルイくんの「読む力」と「聞く力」はかなり鍛えられています
1カ月後にはひとりで絵本を最後まで音読できるようになります
さらに全12ページのうち数ページはもう暗記しているでしょう
子どもは親が思っているより何倍も賢いんですよ
1カ月後
最後までひとりで音読できるようになったら何ページか親の前で絵本を見ずに暗唱にチャレンジしてもらいましょう
ええっ もう覚えたのか⁉
そう はじめてから今日で1カ月 たったの いまから発表するからちょっと聞いてあげて

こほん
では
はじめます
はい
The Letter
Toad was sitting
on his front porch.
おおっ
Frog came along
and said,
"what is the matter,
Toad? You are looking
sad."
"Yes," said
発音もいい
じゃないか!
英語の発音だぞ!!
本当もう私
よりすごいん
じゃないかな
まだ小2
だぞ!?
ジロッ
すいません
静かに
聞きます

……
……
ん？
パラパラ
わからないところは見てもいいルールなの
そ
そうか
It is the time when I wait for the mail to come.
ヒソ
文字を見ながらならもう全部読めるのよ
ヒソ
すごいな…
いい？
こそっ
終わったら全力でほめるのがルール
おおう
まかせとけ！
しん。
おわった…
おわったね…

ルイすごい！
パチ
パチ
パチ
パチ
わーっ
カッコいいぞルイ！
ヒューヒュー
なんなのこれは！

テストの点は下がる一方
毎日一体何をしているの!?
今日からママが見とくから
もっと真面目にやりなさい!
まずは英単語の書き取りからよ
さ早く!
……
もういい加減にして!
優華!
どどうしたの!?
毎日毎日うるさい!
英語なんか大っ嫌い!

第3章
解説

小さい頃から大量の英語にふれよう

英語4技能とは、「**読む**」「**聞く**」「**話す**」「**書く**」の4つです。その中で何よりも読めることが第一です。読むことで、たくさんの英語を頭の中にインプットできるからです。親ごさんは、まず「**聞く**」「**話す**」「**書く**」よりも、「**読む**」ことが最重要だという認識をもちましょう。そして、英語が読めるようになるためには、小さな頃から大量の英語にふれることが必要になります。

私の教室では世界に通用する英語の読解力を身につけさせるために、あえて最初から難しい英語を読ませています。子どもが難しい英文を読めないのは、小さいからではありません。**大人が子どもの能力を過小評価して、ふさわしい教材を与えて**

いないからなのです。

もし、小学校高学年の段階で、大学入試レベルの英語長文を読めたらどうでしょう？　たくさんの英文を読んで覚えるほど、多くの英語表現が身につくので、英語の作文も書けるようになり、聞き取ることもでき、話すこともできるようになるのです。

現在の英語教育のようにＡＢＣの書き取りや「Hello! How are you?」を何度もくり返していては、世界に通用する英語を習得することはできません。小さな頃から大量の英文を読むことが、英語習得には不可欠なのです。子どもはそれができるし、じつはそうしたいと思っているのです。

ですから、英単語を暗記できるようになったら、次は大量の英語長文を読むことにチャレンジしてください。これを家

世界で通用する
読解力を身につける
ためには
ABCの書き取りや
Hello! How are you?
ではなく
小さいうちから
もっと大量に
英語を読む
必要があります
子どもは
それができますし
じつはしたいんです

庭でやるようになると、**「読む」「聞く」「話す」「書く」**の英語4技能が飛躍的に伸びるだけでなく、国語力も英語力に比例してグレードアップします。

さらに、子どもは世界の出来事に対しても関心をもつようになり、ほかの教科にも興味が湧いてきます。そして、家庭の会話でもさまざまなテーマについて話すことができるようになるのです。

まさに、一石四鳥、いえ**一石五鳥以上のハッピーな好循環**が起こるのです。

書き取りはやめよう!

幼児を対象とした英語塾で、アルファベットやローマ字や簡単な英単語を書いて覚えるレッスンをしているところがありますが、**私はオススメしません。**

その理由は、幼児は力がなく、筆圧も弱いからです。そのため、書き取りをやらせてもうまく書けませんし、すぐに疲れてしまいます。うまくできないことが失敗体験となって英語嫌いになってしまうのです。おまけに、Aやaがはみ出さずにきれいに書けたところで、英作文のひとつも書くことができないからです。

それなのに、なぜ多くの英語塾で書き取りをやっているのでしょうか？　それは大人側の事情によるものです。幼児が多い教室では、幼児たちが騒いでレッスンにならないことがよくあるので、静かにさせるために書き取りをやらせている側面もあるのです。

ですから、アルファベット、ローマ字の書き取りは時間の

でも書かないと覚えられませんよね
私は中学生時代ひたすら書いて英単語を覚えました！
書き取りは時間のムダ体力のムダなだけです

ムダ、体力のムダ使いです。幼児が5分かかるところを中学生なら10秒でできてしまいます。

英検3級の英作文やエッセイを書くなら、小学生になった段階で「英借文（211ページ参照）」を用いて、耳・目・口をフル活用して書きましょう。ABCの書き取り不要でみるみる中学卒業レベルの作文が書けてしまいます。

「暗記」ですか…？
そうです
暗記
英作文
＝
英借文
英作文はよく「英借文《えいしゃくぶん》」といわれますね

音読するだけで英語4技能がマスターできる

私が英語学習で、最も重要視していることは「音読」です。その理由は、音読には、英語習得のためのメリットが多く存在しているからです。これから私が提唱し、実践している「**超・音読法**」をご紹介しますが、その前に音読のメリットをよく理解しましょう。

◉暗記しやすくなる

音読して**自分の声を自分で聞くことで記憶がより強く定着します。**黙読よりもはるかに音読のほうが暗記に適しているのです。

◉英語の音に慣れる

音読は話すと同時に聞いているので、当然ですが、「聞く」と「話す」が大きく上達します。

私たちはさほど難しくない英語でも、うまく聞き取れなかったり、とっさに口に出ず、うまくしゃべれなかったりします。その原因は、耳と口が英語の発音に慣れていないからです。英語には日本語にはない発音が数多くあって、声に出していないと「**外国語の音の連続**」に**抵抗感**を覚えてしまうわけです。ですから自分の発音を自分で聞く音読によって、**耳**と**口**が英語の発音に慣れてくれれば、英語がどんどん上達していきます。

◉英語を英語のまま理解できるようになる

日本人は英文を黙読すると、どうしても頭の中で日本語訳をしながら意味を考えてしまいます。ついつい文法や構文を考えてしまうのです。

しかし、私の「超・音読法」ではどんどん先に進んでしまうため、日本語に訳したり、文法を考えたりする暇がありません。ですから英文の流れのままに、英語を英語として体で覚えることができるのです。

このように音読は、**読む力を身につけながら、英単語の暗記もでき、聞く力も話す力も鍛えられる**優れた方法です。

そして、何より**子どもたちは大きな声を出すことが大好き**なのです。私の教室に体験レッスンにきた子どもたちは、生徒たちが音読する姿を見て「コーラスみたい！」「楽しそう！」と言ってくれます。ですから英語を学ぶなら**音読が一番**なのです。

「超・音読法」3つの技法

私が提唱している「**超・音読法**」には、3つの技法があります。それは「**リピート**」「**シャドーイング**」「**オーバーラッピング**」です。

ただテキストを読む音読とは違い、この3つの技法はテキストの音声を使うところに特徴があります。英語の絵本でしたら、音声が録音されたCDや音源をダウンロードして使います。

そして、その音源をそのままマネをして言うのが「**超・音読法**」です。

超・音読法
声を出して読む音読に「聞く」要素をミックスした英語トレーニング法です
全部で3種類あります
テキストの音声を使いそのままマネして言うのが特徴です
聞く力 読む力を同時に鍛えられます

❶「リピート」

英語の音声を聞いた「**あと**」に音読して再現します。

❷「シャドーイング」

英文を見ないで、聞こえた英語を「**即座**」にマネをして言います。文字どおり、影のように音声のあとについて音マネします。

❸「オーバーラッピング」

英文を見ながら、聞こえてくる英語の音源と「**同時**」に音読します。

この「**超・音読法**」でトレーニングすることで、「**リスニング力（聞く力）**」と「**リーディング力（読む力）**」を同時に鍛えることができます。

英語の絵本を読む

それでは、「**超・音読法**」のレッスン例を実践していきましょう。今回読むのは、アメリカの小学2年生向けの本です。

Frog and Toad Are Friends
おもしろーい
なんとなくだけど私でも書いてあることがわかります

目標：1カ月でアメリカの小2レベルの絵本を音読・暗唱する

アメリカの小学2年生レベルの英語は、日本の中学校の英語副読本として採用されているレベルとほぼ同等です。ですから、この絵本がスラスラ読めるようになれば、日本の中学3年生の教科書もスラスラ読めるようになります。

教材：「Frog and Toad Are Friends」から最終章「The Letter」

（全12ページ／朗読CDつきのものを購入してください。またはYouTubeなどで音源を手に入れます）

期間：1章全12ページを4分割して1週間で3ページ読む。週5日、同じ3ページを音読する。翌週は次の3ページを音読する

これを1カ月続けると12ページの絵本を子どもひとりで読めるようになります。

1日たった5分でできます。歯磨きのように習慣化してやってみましょう！

レッスンをはじめる前の注意点

「超・音読法」をはじめる前に、注意点がふたつあります。

ひとつめは、**「シャドーイング」**の練習です。**「シャドーイング」**は、英語の音声を聞いて**「即座」**に、その文章をあとから**「影のように」**追いかけて、重ねるように音読する英語学習法です。

いきなり英語でシャドーイングするのは難しいので、

その前に「日本語」でシャドーイングとはどういうものか、練習をして慣れておきましょう。

題材はお子さんの好きなテレビアニメでも、日本語の動画サイトでも結構です。登場人物のひとりにターゲットを絞って、画面を見ながらその人がセリフを話したら、それに重ねるようにしてマネします。最もやりやすいのはニュース番組です。アナウンサーは動かないのでマネがしやすいのです。

聞き終わってからでなく、「そのセリフに少し遅れて、重ねるようにして言う」のがポイントです。ここで大事なのは、言葉の意味を考えずに「単なる音」として聞くことです。意味を考えているとあっという間に相手の声は進んでしまいます。**耳に入ってきた音を、そのまま再現する**。そのことに集中するようにしましょう。

最初は戸惑うと思いますが、何度も練習していくと徐々にできるようになります。

ふたつめの注意点は、英文で読む前に日本語訳や日本語版を読んで、おおまかに何が書いてあるかを理解しておくことです。日本語で概略を知っておくと英語で読んだときに理解が容易になります。ぜひ親子で楽しく日本語版を読んでおきましょう。

◉ステップ①音声だけで「シャドーイング」

準備ができたら、いよいよ「超・音読法」で絵本を読んでいきます。ただし、まだ絵本は開きません。まずは、文字なしで音声を聞いて、重ねて復唱する「シャドーイング」を行います。

◆**絵本を閉じたまま、音声データを再生します。**

◆**聞こえてきた英語をマネてすぐに重ねるように復唱します。**

その際に、ストーリーを追いかけたり、文章の意味を考えたりしないこと。英語の「音」を聞いて、再現することに集中します。「２メートル先に声を飛ばす」ようなイメージで元気に声を出します。

◆最初はできなくて当たり前です。でもそこで立ち止まらないのがルールです。気にせず、止まらず、ひたすら聞いてどんどん声に出していきましょう。

「全然聞き取れなかった」「音声に追いつけずにグダグダになった」……それでも何の問題もありません。40％できたら完璧と思ってください。20％でもすごいです。

最初はできなくて当たり前
とっと わ… シ…… ……?
on his front porch.
聞こえたとおりで大丈夫だよ
気にせず止まらずひたすら聞いてどんどん声に出していきましょう

◉ステップ②「オーバーラッピング」で《音読&なぞり読み》

「**シャドーイング**」が終わったら、いよいよ絵本を開きます。そして音声を聞きながら「**オーバーラッピング**」します。このとき、「**オーバーラッピング**」しながら、指で文章をなぞって「なぞり読み」し、読んでいる文字と音を確認しながら音読します。英単語のレッスンと同様、なぞることで指先に神経が集中し、「**目からも**」覚えることができます。

◉ステップ③お子さんだけで《5分音読&なぞり読み》

ステップ①とステップ②を週4日くり返します。すると3ページ分の「**読む力**」と「**聞く力**」が鍛えられていることになります。そこで5日目には、**音声データを消してお子さんだけで読むステップ**に入ります。

◆絵本の最初から３ページまでを**指でなぞりながら音読**します。
◆読めないところは飛ばしてもＯＫです。**先に進む**ことが大切です。
◆最後まで読み終えたら、できてもできなくても、**頭をなでて、抱きしめて、思いっきりほめて**あげてください。

これを４週間続けると、１カ月後にお子さんは、１章分12ページをひとりで音読できるようになります。

◉ステップ④ リビングで発表会

最後の仕上げは「発表会」です。１カ月後、リビングをステージに見立てて発表会をします。主役はあなたのお子さんで、観客はママやパパや家族です。

◆本を見なくても言える部分は暗唱します。覚えていない部分は、絵本を見ながら音読します。

◆音読&暗唱が終わったら、大きな拍手とスタンディングオベーションでほめ称えます。そしてハグをして成長をほめましょう。するとお子さんの中に「大きな達成感」が生まれます。そのときっと、お子さんはもう次のお話が読みたくてうずうずしているはずです。

【参考】シャドーイング動画：廣津留真理チャンネル第10話「英語4技能がすぐに身につく、話題の『シャドーイング』って何?」
https://dirigo-edu.com/shadowing/

第4章

日本語Bと1分間スピーチ

Story 4
家族みんなで
1分間スピーチ

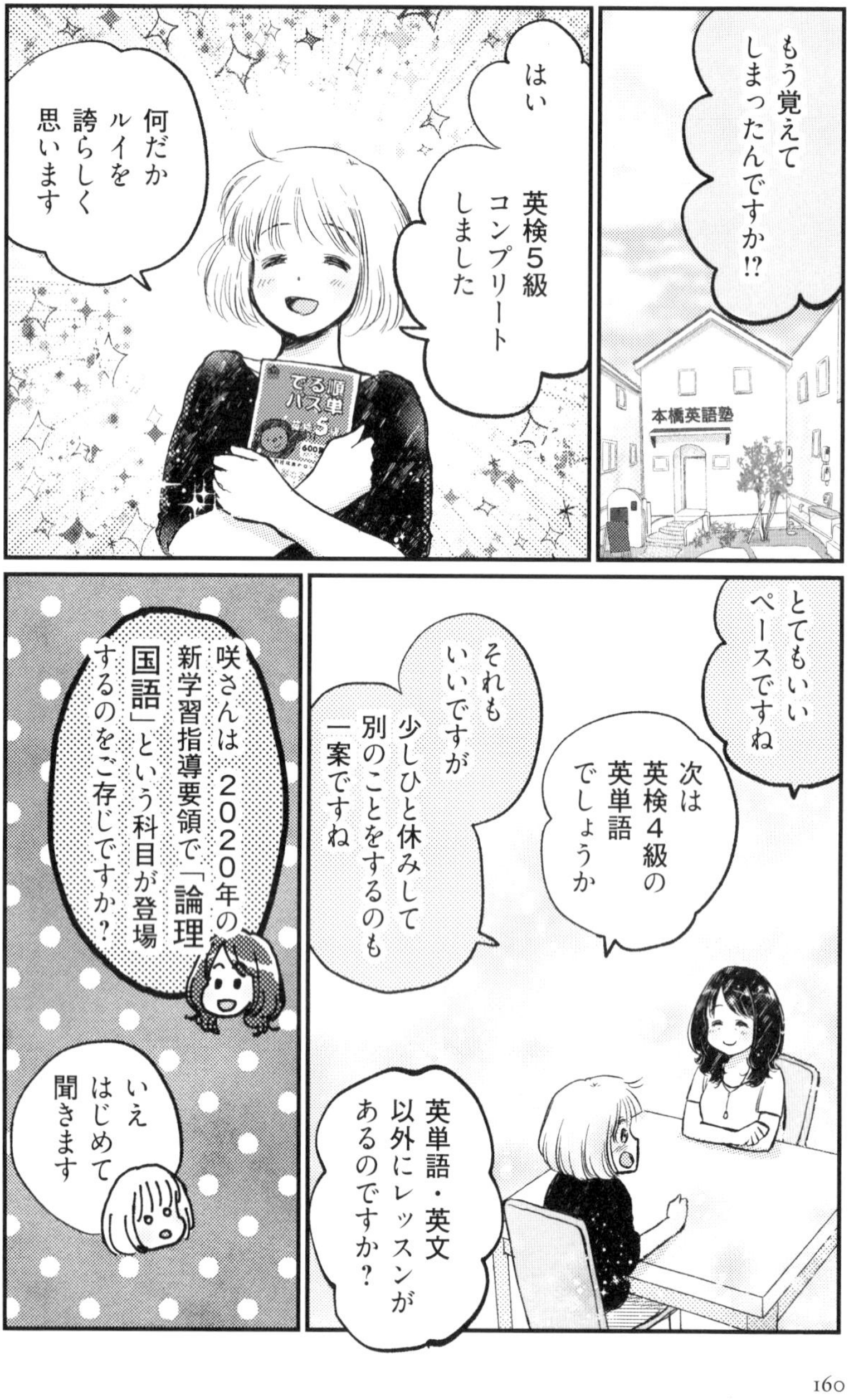
もう覚えて しまったんですか⁉
本橋英語塾
はい 英検5級 コンプリート しました
でる順 パス単
何だか ルイを 誇らしく 思います
とてもいい ペースですね
次は 英検4級の 英単語 でしょうか
それも いいですが 少しひと休みして 別のことをするのも 一案ですね
英単語・英文 以外にレッスンが あるのですか？
咲さんは 2020年の 新学習指導要領で「論理国語」という科目が登場するのをご存じですか？
いえ はじめて 聞きます

従来の日本は
互いが　場の空気を読んだり
暗黙のうちに
意を察し合ったりすれば
何とかなってしまう
「説明が必要ない社会」
でした
みんなが見てるよ
じーっ
ハッ
静かにしないと…
しかし　多種多様な民族・
人種・文化が混在している
国際社会は
コミュニケーションに
「明確な断定」や
「論理的な状況説明」
「客観的な事実描写」
などが求められる
「説明が必要な社会」
です
Everyone here is watching you (みんながあなたを見ています)
じーっ
え？だから何？
？？
一から論理立てて
説明しないと　互いの
バックグラウンドの
違いから誤解が生まれ
誰もわかり合えません
ここは公共の場なので静かにしてください
わかったよ
しかし
多くの日本人は
断定や
言い切りのような
確固たる表現を
好みません
たしかにハッキリ言い切ることってあまりないかも…

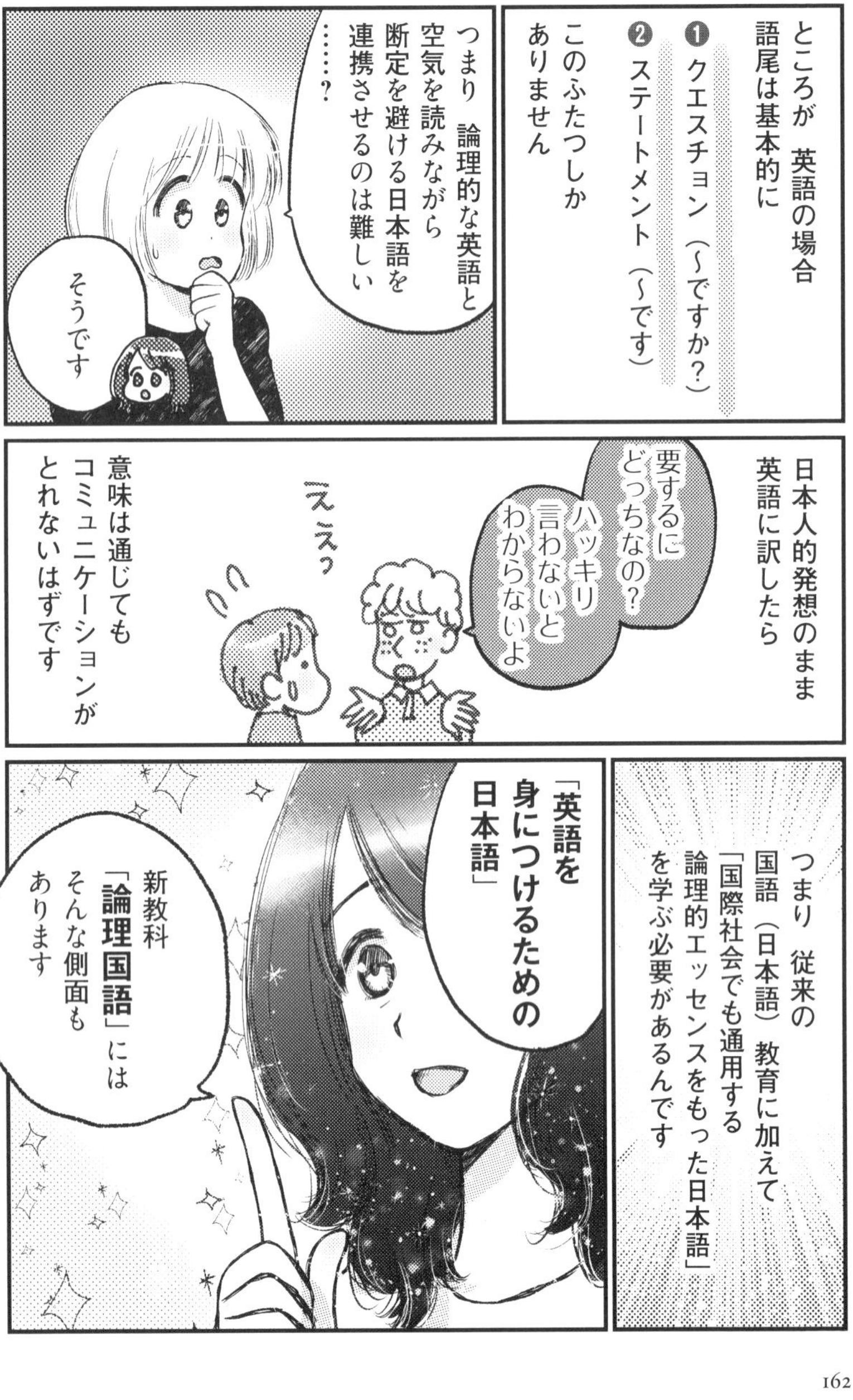
ところが 英語の場合
語尾は基本的に
❶クエスチョン（〜ですか？）
❷ステートメント（〜です）
このふたつしか
ありません
つまり 論理的な英語と 空気を読みながら 断定を避ける日本語を 連携させるのは難しい……？
そうです
日本人的発想のまま 英語に訳したら
要するに どっちなの？
ハッキリ 言わないと わからないよ
ええっ
意味は通じても コミュニケーションが とれないはずです
つまり 従来の 国語（日本語）教育に加えて 「国際社会でも通用する 論理的エッセンスをもった日本語」 を学ぶ必要があるんです
「英語を 身につけるための 日本語」
新教科 「論理国語」には そんな側面も あります

普通の日本語と英語をうまくつないでくれる便利な日本語です
普段の日本語を「日本語A」として 私はこの論理国語を「日本語B」と名づけています
・論理国語
・英語を話すための日本語
＝
日本語B
いいネーミングですね
「日本語B」で考える習慣がつけば
それを英語に変換するだけですから
とても楽な気持ちになれます
日本語B
←
英語
ですが論理的な日本語なんて…難しそうです
大丈夫
決して難しくはありません
「日本語B」はこんな感じです
「○○は◇◇です。なぜなら△△だからです」
これなら私でもできそう！
❶まず結論⬇言いたいことを先に言う
❷必ず理由⬇論理的な「なぜなら」を示す
❸事実描写⬇事実と意見・感想を明確に分ける

❶ まず結論を言う
英語のコミュニケーションでは行き先がわからないまま話が進んでいくのは大きなストレスに…
日本語Aの場合
先生 おはようございます 1年2組山田太郎の母です 太郎ですが いつもは元気なのですが昨夜から調子が悪くて 今朝になったら38度の熱が出ていました いまから病院に連れていこうと思いますので 今日はお休みさせてください お願いします
日本語Bにすると…
先生 おはようございます 1年2組の山田太郎の母ですが 本日 息子は欠席にさせてください 今朝から 38度の熱を出しているので病院に連れていきます どうぞよろしくお願いします
話す順序を逆にするだけで「この母親が何を伝えたいか」が明確に伝わります
❷ 必ず理由を述べる
まず結論や主張を言ったらそれを言いっ放しにしないのが英語のルールです
日本語A
つまらないものですが…
本当は一生懸命選んだけど察して下さい。
日本語B
あなたのために◎◎を選びました 気に入ってくれると嬉しいです
明快!!

❸事実を描写する
国際社会のコミュニケーションでは日本語とは違い「相手が言外のニュアンスを察してくれる」といったやりとりが通用しません
ゆえに誰が聞いても理解できるような「論理的な状況説明」や「客観的な事実描写」が求められます
個人の感想や想像や憶測ではないあくまでもニュートラルな「事実描写」をしましょう
日本語A
おいしそうなコーヒーと新聞がテーブルに置かれています
日本語B
木の机の上にソーサーにのったコーヒーカップが1客あり カップにはホットコーヒーが入っています そのそばに たたんだ新聞が置かれています
日本語A
窓ふきまだだよね
やってください
窓ふきは大掃除のときでしょ？
そんなこと聞いてないし
日本語B
【掃除当番のやることリスト】
ゴール：毎日気持ちよくすごせるように環境を整える
①自分の担当場所とグループを決める
②各グループで役割を決める
③床・机・いす・窓ガラス・黒板は毎日手入れする
私たち日本人は「日本語A」の授業で日本語での客観的な事実描写の練習をしてきませんでした
たしかに！何事もあいまいにやってきたかもしれません！
次のページでは「日本語B」の3つの力を家庭でらくらく伸ばす方法を紹介しますね

親子でらくらく「どうしてタイム」

家族との何気ない会話の中で「理由」を意識することは子どもに自然と「日本語B」で考え表現する習慣をつける効果的な練習に！

ときには親の方から「なぜ？」と聞いてみましょう!!

どうしてタイム
好きな食べ物 好きなアニメキャラクター お気に入りのおもちゃ 何でもかまいません 「それはどうしてかな？」と聞いてみましょう
① ひとつお題を決め それについてお子さんに質問します
◎◎ちゃんの一番好きなおかずは？
ハンバーグ！
② その理由を説明させます
どうして好きなの？
んーーとねー
重要なのは お子さんが自分で言った答えの理由を考えるという行為そのもの
決して先まわりせず 肯定的なあいづちを打ちます
おいしいからだよ
なるほど
みぃちゃんおにくすきなの
そうなんだ
かしこまって 面接のようにならないように 会話の一環として楽しく行いましょう
「理由」への意識は「英語表現」レッスンへの大きな助走になります

親子でらくらく「緊急通報ワーク」
緊急通報ワーク
「事実の描写と説明」のレッスンです
緊急通報では現場の状況を客観的に説明する必要があります
夕飯の買い物帰りに通りかかったら友だちの家の近所で炎が見えて…
個人の事情説明に終始したり
とにかくすごい燃えてます！大変です！
抽象的な表現ばかりになってしまうと現場の状況が迅速に伝わりません
こうした状況では「日本語B」のコミュニケーション力が不可欠です
場所はどこですか？
◎◎町の◎◎小学校正門前のビルです
何が燃えていますか？
11階建ての白いビルの6階です
現場はどんな状況ですか？
6階の不動産屋の窓から炎と黒い煙が噴き出しています
人数は不明ですが中にまだ人影が見えました
目撃した状況を具体的に客観的に事実説明します
◎◎ちゃんが熱とせきで病院に行きました
先生に
・症状
・いつから
などを「日本語B」で説明してみましょう
どうしましたか？

「日本語B」は英語を話すためだけではなくていろんな場面で役に立ちそうですね
そうなんです
ぜひ日常生活に取り入れてみてくださいね
咲さんのご家庭ではこの「日本語B」を使い1分間スピーチをしていただきます
1分間スピーチですか…!?
これは家族全員が仲よく取り組める英語を「話す」ためのトレーニングです
家族全員で英語を話すためのトレーニング…ですか?
えっ
私も…?
はい
質問の答えを15秒で考え45秒でスピーチします
15秒
シンキングタイム
45秒
スピーチ
計1分!
これは「TOEFL」のスピーキング問題と同じ形式です

TOEFL iBTでは パソコンを使用し モニター画面に 映し出された問題を見て 15秒で考え 45秒で マイクに向かって 英語で答えます
日本の高校入試や大学入試でも スピーキングテストが 取り入れられ はじめています
この練習をまず 日本語でしておくと そのままTOEFLの スピーキングテスト 対策にもなりますし 将来 子どもが 日本語でプレゼン するときにも 非常に役立ちます
フムフム
たった1分で いつでも どこでも できますよ
ぜひご家族で 挑戦してみて ください
家族でらくらく 1分間スピーチ
自分の考えを 15秒でまとめ 45秒で 「日本語で」話す
【目標】 TOEFL iBTテスト スピーキングセクション 一般的なトピック問題が 「日本語バージョン」で できるようになる
【期間】 特になし
【ペース】 「水曜の夕食後」や「日曜の午前中」など おおよその曜日や時間帯を決めて行う
1分間 スピーチ!?
とっても 簡単だから お願い! 英語を身に つけるのに役立つ レッスンなの!

家族みんなで楽しく取り組めるレッスンだって真理子先生が…
パパお願いっ
みんなでやってみましょ
別に オレがやらなくても…
パパも一緒にやろう
えっ
お…おおわかった…
やったー!!
①まず出題者がお題を振り 回答者は答えを15秒 考えます
じゃあルイからね!
うん!
一番好きな食べ物は何ですか それはどうして?
用意スタート!
ピッ
ストップウォッチやタイマーで時間を計りましょう
②15秒たったら終了
シンキングタイム終了!
ピッ
③答えを日本語で45秒で発表します
では発表してくださいどうぞ!
ピッ
ここもきっちり時間を計ります

僕の好きな食べ物はお母さんの作ったカレーライスです！
なぜなら夏休みに家族でキャンプに行ったときに食べたカレーが忘れられないからです！
きらいなにんじんもカレーなら食べられます
④45秒経過したら終了
ピッ
はいそこまで〜！
⑤お子さんのチャレンジをほめてあげましょう
ルイありがと〜
またキャンプ行こうねカレー作ろうね
うん！
てへへ。
思ったよりちゃんと話せるもんだな…
たとえ時間が余っても時間をオーバーしてもうまくまとまっていなくてもOKです
45秒の感覚をつかめさえすればいいのです
1分間スピーチのお題例
●一番好きな食べ物は何ですか？
●学校で好きな先生は誰ですか？
●1週間で好きなのは何曜日ですか？
●夏休みにやりたいことは何ですか？
●田舎と都会ではどちらが好きですか？
●大人になったら何になりたいですか？
●いまから100年後の世界はどうなっていると思いますか？
●もし宇宙人がいるとしたらどんな生物だと思いますか？
●サンタさんに100万円もらったら何に使いますか？
●大好きなお友だちのことを教えてください
じゃあ次はパパの番！
用意スタート！
ピッ
ちょちょっと……
シンキングタイム終了〜

パパの
好きな食べ物…
というか飲み物は
ビールです
なぜなら
ビールを飲むと
楽しい気分になって
嫌なことが
忘れられるからです
どーーん!
あ 終わっちゃった
え
そうなの!?
僕も
ビール飲んで
みたいな～!
ビールってスゴイねッ
ちょっと!
子どもの前で
変なこと
言わないでよ!
だって15秒しか
ないんだぞ
だからって
他にもっと
あるでしょっ!!
ギャン
ギャー
ママ
パパには
ぎゅーして
あげないの?
え…
じーっ
そうだ
そうだ
このレッスンの
ルールだよな
⑤番を
忘れてるぞ
チャレンジを
ほめてあげましょうって
やつ!!

あ…またつい否定してしまった…
家庭円満が9割
自分からお願いしといて!
ずーん…
はい!パパも頑張りました～!
ぎゅーっ
よし!じゃあ次はママの番だ
わ～待って心の準備が…
はいスタート!
ワイ
ワイ
あはは
ヴヴヴ
レイカ
優華が英語塾に行かなくなってしまって…もうどうしたらいいかわからない

第4章
解説

2020年から変わる英語教育

2020年度から本格的に新学習指導要領が導入されて、英語教育が大きく変わります。では、どのように変わっていくのでしょうか？　ポイントは3つです。

❶英語が正式科目になる

第1に英語が小学5・6年生で正式科目になります。そうなると「国語」や「算数」と同じように「英語」も成績評価の対象となり、中学受験に影響します（一部地方自治体では2018年から先行実施）。これが先生や親ごさんが焦っている最大の理由です。

❷「読む」と「書く」が導入される

今回、小学５・６年生で「読む」と「書く」が新たに導入されます。なぜそうなるのかというと、日本の英語教育をグローバル基準にして、子どもたちの英語力をアップするためです。

中高の英語教育が大きく変わります。従来の学校英語は、文法と和訳が中心で「読む」と「書く」のみに重きが置かれていました。しかし、２０２０年からは、「読む（リーディング）」「聞く（リスニング）」「話す（スピーキング）」「書く（ライティング）」の英語４技能をバランスよく伸ばす教育に変わるのです。

このうち「話す」は「**やりとり**」と「**発表**」のふたつに分けられます。つまり、中高生は英語で自分の意見を言う能力が要求されます。このように中高で学ぶ英語が変わるため、小学校のうちに「読む」と「書く」が導入されるのです。

❸ 覚える英単語が増える

さらに覚える英単語が増えます。現在は中学3年間で覚える英単語の数は、1200語程度ですが、それが最大で1800語程度になります。その準備として、小学校でも600~700語程度暗記する必要があります。6年生では過去形も習うようになります。

しかし、心配はありません。「**ひろつるメソッド**」は、これらすべてを解決する英語学習法なのです。

咲さんは　2020年の新学習指導要領で「論理国語」という科目が登場するのをご存じですか？
いえ　はじめて　聞きます

「論理国語」が登場！

さらに新しい試みも行われます。そのひとつが高校に「論理国語」が登場することです。日本語は、空気を読みながら断定を避ける言語です。それに対して英語は、論理的な言語だといわれています。そのため、日本語と英語を連携させるのは難しいと思われてきました。

そこで登場するのが、「論理国語」です。これは、普通の日本語と英語をうまく橋渡ししてくれるつなぎのような日本語になります。私はこれを「日本語Ｂ」と名づけています。

従来の日本は、お互いが場の空気を読んだり、暗黙のうちに意を察し合えば、何とかなってしまう「**説明の必要がない**」社会でした。

一方、多種多様な民族や文化が混在している国際社会は、コミュニケーションに「明確な断定」や「論理的な状況説明」、「客観的な事実描写」などが求められる「**説明が必要**」な社会です。一から論理立てて説明しないと、お互いのバックグランドが違うため、誤解が生じ、わかり合えないのです。

日本語の大きな特徴に、「〜でしょう」「〜なの」「〜かな」「〜みたいな」のように「断定を避ける文末」が多くあります。それに対して英語の場合、文末は「クエスチョン（疑問、質問）」と「ステートメント（平叙文）」しかありません。つまり「〜ですか？」か「〜です」のふたつしかないのです。

つまり 論理的な英語と空気を読みながら断定を避ける日本語を連携させるのは難しい……？
そうです

このように、断定を避ける日本語をそのまま英語に置き換えても、結局「断定しないあいまいな英語」にしかならないのです。日本人的発想のまま英語に訳しても、「要するにどっちなの?」「はっきり言わなきゃわからないよ」と、意味は通じてもコミュニケーションをとることはできません。

では、どうすればいいのでしょうか？　それが「**国際社会でも通用する論理的エッセンスをもった日本語**」、つまりは**日本語B**を学ぶことなのです。それは「**英語を学ぶための日本語**」と言い換えることができるかもしれません。普段使う日本語を「日本語Ａ」とすれば、これに加えて、世界で通用する論理的な「日本語Ｂ」を学ぶ必要がある社会になってきたということなのです。

日本人的発想のまま英語に訳したら
要するにどっちなの?
ハッキリ言わないとわからないよ
えぇっ
意味は通じてもコミュニケーションがとれないはずです

日本語Bの3つの要素

「日本語A」は空気を読んだり、相手の意を察したり、いい意味でのあいまいさがあります。これは日本の文化であって、大切にしなければならないと私は思っています。しかし、それとは別に、論理的、具体的、客観的である「英語的な考え方」の「日本語B」も、**英語力をアップさせる素地**（土台）を作る上で重要だと考えています。

では、「日本語B」とは具体的にどのようなものなのでしょうか？　それは3つの要素から成り立っています。

「日本語B」で考える習慣がつけば
それを英語に変換するだけですから
とても楽な気持ちになれます
日本語B
英語

❶ **まず結論**：言いたいことを先に言う
❷ **必ず理由**：論理的な「なぜなら」を示す
❸ **事実描写**：事実と意見を明白に区別して伝える

つまり、**結論**と**理由**を事実にもとづいてはっきりさせるということです。そしてこれが、英語のコミュニケーションの大前提でもあるのです。

「そんな簡単なことは普段からやっているよ」という人もいるかもしれませんが、日常で何気なく使っている日本語を冷静に見てみると、驚くほどできていないことがわかります。

できていなくても通じてしまう……これこそが「日本語A」の特徴です。しかし、英語ではそうはいきません。

まず結論

言いたいことを最初に言う……日本にはこれを苦手とする人が多いようです。思ったことを順に話していき、なかなか結論にたどりつけない傾向があるのです。それで「結局、何が言いたいんだ?」とイライラされた経験のある人も多いのではないでしょうか?

「日本語A」と英語の違いとしてよく指摘されるのが、「話の順序」です。日本語の場合、事情や状況、背景などを先に話して、最後になってはじめて結論を言うことが多くあります。この順序で話すために、外国人からは「日本人は最後にならないと結論を言わない」と思われがちです。

一方、英語では、先に結論を言ってから、その周辺の事情や背景をあとから補足するという順序で話が構成されることが多いのです。

たとえば、「手が足りないので、仕事を手伝ってくれないか?」と聞かれたときは、**「すまないが手伝えない。なぜなら先約があって、いまから出かけなければならないからだ」**というふうに、**最初に「手伝えない」という結論**をはっきり伝えて、**そのあとに手伝えない理由**を述べるのです。

日本人の場合だと「今日はこれから人と会う約束があるんだ。いますぐ出ないと遅れてしまう。だから手伝えないよ」というように、「人と会う約束がある」「いますぐ出ないと遅れてしまう」といった事情説明

日本語Bにすると…
先生 おはようございます 1年2組の山田太郎の母ですが 本日 息子は欠席にさせてください 今朝から 38度の熱を出しているので病院に連れていきます どうぞよろしくお願いします
話す順序を逆にするだけで「この母親が何を伝えたいか」が明確に伝わります

が先にあり、「だから手伝えない」という結論が最後にきます。
英語は最初に結論を示し、日本語では最後に結論を示します。ところが英語圏の人たちは、**結論がわからないまま話が進んでいくことに大きなストレスを感じます**。結論を最後にすると、「結局できるの？　できないの？」「最後までどっちかわからない」と相手に思わせ、円滑なコミュニケーションがとれないのです。

そうしたストレスをお互いに回避するために、英語では結論を最初に言うことが肝心になるのです。ですから「日本語B」でも英語のセオリーを意識的に取り入れた日本語表現になります。

一から論理立てて説明しないと 互いのバックグラウンドの違いから誤解が生まれ誰もわかり合えません
ここは公共の場なので静かにしてください
わかったよ

必ず理由

結論や自分の主張を言ったら、それを言いっ放しにしないのも英語のルールです。ですから、結論を言ったあとは、必ずそれを裏づける「なぜなら」という理由を述べます。つまり、「○○は□□です。なぜなら△△だからです」という言い方になります。

「なぜなら」がなければ、自分の意見の主張ができない。理由をきちんと述べることによって、自分の主張の説得力を高める。これが英語によるコミュニケーションのセオリーなのです。

以前、ハーバード大生からプレゼントをもらったことがあります。彼らはみんなでお金を出し合って大分で有名なお菓子を贈ってくれたのですが、そこには「なぜプレゼントを贈るのか」「どんなことに感謝しているのか」「どうしてこのお菓子を選んだのか」といった具体的なメッセージが添えられていました。

お菓子はおいしく食べてなくなってしまいましたが、一人ひとりが書いてくれた「メッセージ＝理由、つまり私への思い」は、いつまでも忘れられません。

「つまらないものですが」と謙遜して理由を語らない「日本語A」に対して、「あなたのために○○を選びました。なぜなら△△だからです」と明確に理由を伝える。これが英語のコミュニケーションスタイルなのです。

事実描写

世界共通語である英語は、誰が聞いても理解できる「論理的な状況説明」や「客観的な事実描写」が不可欠です。ですから英語圏の人々は、たとえ子どもであってもプレゼンや事実描写などの訓練をしているのです。

下の絵をご覧ください。

「この絵のシーンを説明してください」

と言われたら、どう表現するでしょうか？

日本語なら「おいしそうなコーヒーと新聞が置かれています」といったようになるのではないでしょうか？　しかし、この様子を英語圏の人が説明するとこうなるでしょう。

「木目のテーブルの上に、ソーサーにのったコーヒーカップが1客あります。カップにはホットコーヒーが注がれています。角砂糖が2個と、銀のスプーンが添えられています。そのそばには、畳んだ新聞が置かれています」となるはずです。

英語で行う客観的な描写では、「おいしそう」といった個人の感想や想像、予想などは排除され、あくまでもニュートラルな「**事実描写**」となります。

子どもたちが書く読書感想文でも同じことがいえます。私たちは、日本語で客観的な事実描写の練習をしてこなかったため、あらすじと感想がごっちゃになった感想文を書きがちです。「私は〇〇と思いました」というように、同じような文章のくり返しになってしまい、誰もそれを正しく教えてくれることなく学校を卒業してしまっているのです。

読書感想文も、最初に本の要約を客観的な事実描写でまとめ、次に感想や意見を述べるととてもすっきりした文章になります。客観的な事実描写のトレーニングは、子どもたちの表現力を強化するために、なくてはならない技術なのです。

❸事実を描写する
国際社会の
コミュニケーションでは
日本語とは違い「相手が
言外のニュアンスを察し
てくれる」といったやり
とりが通用しません
ゆえに
誰が聞いても
理解できるような
「論理的な状況説明」
や「客観的な事実描写」
が求められます

日本語Bの力を家庭で伸ばす

この「日本語B」を家庭で伸ばす方法があります。それをこれからご紹介します。

❶ 親子でらくらく「どうしてタイム」

家族との何気ない会話の中で「理由」を意識させることは、子どもに自然と「日本語B」で考え、表現する効果的な練習になります。特に幼稚園から小学校低学年までの子どもたちは、何にでも興味をもち、「何で?」「どうして?」と聞きたがる年頃です。ですから「好きな食べ物」「好き

親子でらくらく「どうしてタイム」

家族との何気ない会話の中で「理由」を意識することは子どもに自然と「日本語B」で考え表現する習慣をつける効果的な練習に！

ときには親の方から「なぜ?」と聞いてみましょう!!

どうしてタイム
好きな食べ物 好きなアニメキャラクター お気に入りのおもちゃ 何でもかまいません「それはどうしてかな?」と聞いてみましょう

なアニメ」「お気に入りのおもちゃ」などを子どもに聞いて、「なぜ、それが好きなのか」を聞く「どうしてタイム」の時間を作って、遊び感覚でゲームにしてしまうのがいいでしょう。

たとえば、このように行います。

「さあ、どうしてタイムの時間だよ。○○ちゃん、一番好きなおかずは何？」

「ハンバーグ！」

「どうして好きなの？」

と聞いて、その理由を説明してもらいます。

理路整然とした理由が話せなくても気にしないでください。ここで重要なのは、**お子さんが自分で言った答えの理由を考えるという行為そのもの**です。決して先回りしないで、

②その理由を説明させます
どうして好きなの？
んーとね…
重要なのは お子さんが自分で言った答えの理由を考えるという行為そのもの

「なるほど」「そうなんだ」と肯定的にあいづちを打つようにしましょう。

これを続けていけば、親子でのコミュニケーションが深まり、お子さんには日本語Bのエッセンスが身につき、最後は英語でのディスカッションもできるようになります。「理由」を意識する親子でらくらく「どうしてタイム」、ぜひチャレンジしてみてください。

❷ 親子でらくらく「緊急通報ワーク」

これで「**事実描写&説明**」を学びます。

日本語Bでは、「余分なことを省いた客観的な

親子でらくらく「緊急通報ワーク」
「事実の描写と説明」のレッスンです
緊急通報では現場の状況を客観的に説明する必要があります
緊急通報ワーク
夕飯の買い物帰りに通りかかったら友だちの家の近所で炎が見えて…
個人の事情説明に終始したり
とにかくすごい燃えてます！大変です！
抽象的な表現ばかりになってしまうと現場の状況が迅速に伝わりません

事実描写」によるコミュニケーションが求められます。その最たるものが火事や事故を知らせる「緊急通報」です。緊急通報は一刻を争い、人命にかかわるものですから、**「事実描写&説明」**の訓練には最適なのです。

たとえば、このように行います。

母：「はい、１１９番です。火事ですか？　救急ですか？」

子：「火事です」

母：「場所はどこですか？」

子：「○○町の○○小学校、正門前のビルです」

母：「何が燃えていますか？」

子：「11階建てのビルの6階から火が出ています」

お母さん「現場はどんな状況ですか？」

子：「6階の不動産屋の窓から炎と黒い煙が出ています」
母：「人はいますか？」
子：「人数はわかりませんが、中にはまだ人影が見えました」
母：「あなたのお名前といまかけている電話番号を教えてください」
子：「A山B子です。電話番号は、△△-□□□□-○○○○です」
母：「わかりました。すぐに消防車と救急車が向かいます」

このように**親子でらくらく「緊急通報ワーク」**をシミュレーションすることで、楽しみながら「**事実描写＆説明**」を学ぶことができます。

第5章

英文をマネれば、お母さんにも英作文が教えられる

Story 5

英作文は英借文？

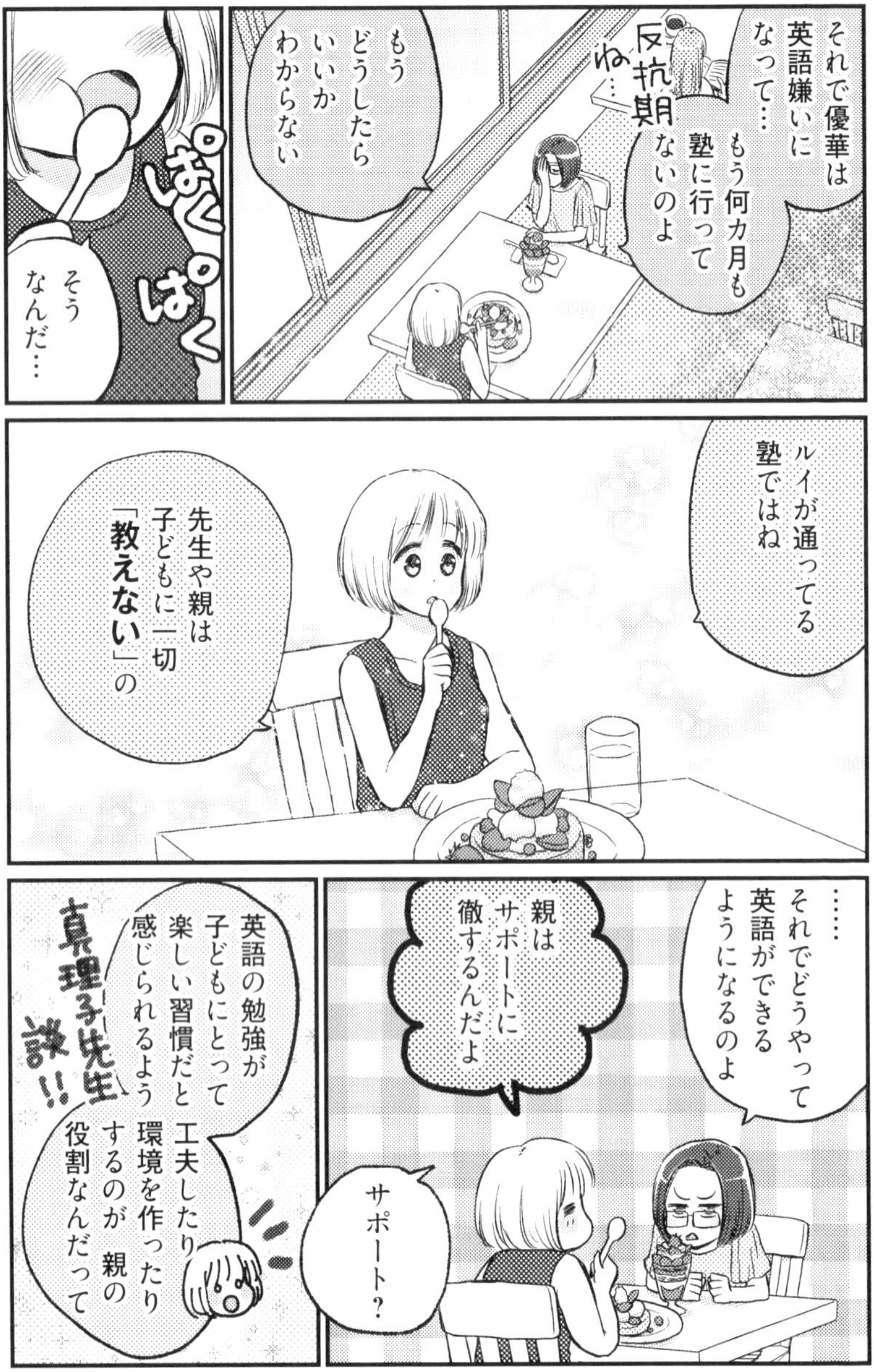

それで優華は英語嫌いになって…
もう何カ月も塾に行ってないのよ
反抗期ね…
もうどうしたらいいかわからない
ぱくぱく
そうなんだ…
ルイが通ってる塾ではね
先生や親は子どもに一切「教えない」の
……それでどうやって英語ができるようになるのよ
親はサポートに徹するんだよ
サポート?
英語の勉強が子どもにとって楽しい習慣だと感じられるよう工夫したり環境を作ったりするのが親の役割なんだって
真理子先生談!!

ふーん それで 成果は 上がってるの？
言ってることは わかるけど 現実は ムズかしいわよ…
うん
いま ルイは 英検3級の単語に 挑戦してるよ
英検3級!? たった半年で？
本橋英語塾 では当たり前 みたい
その塾 紹介して！
ずずいっ
う うん…
星川家
もう英語は いいって 言ってるでしょ！
バンッ
ゆ…優華 そんなこと 言わないで…

ルイくんが
行ってる
塾なんだけどね
ルイくん
半年でもう
英検3級の勉強を
してるんだって…
本橋英語塾
えっ
ルイくんて
小2でしょ⁉
そんなかしこかった？
かしこくないわよ！
だから
気になって…
体験だけでも
いいから…
お願い！
……
……
わかった…
でも 嫌だったら
すぐ辞めるから！
本橋英語塾
優華
楽しそう…

そう
ですね
勉強って本来
楽しいものじゃ
ないでしょうか
勉強が
楽しい？
咲さんから
聞いていると
思いますが
私の塾では
家庭学習に
力を入れて
います
優華さんは
きちんと基礎が
できてますから
英語４技能の中で
最も難しい「書く」…
英作文のレッスンに
挑戦してもらおう
と思います
英作文
ですか…
まず麗華さんが
「英作文」の基本を
マスターしたあと
優華さんと
一緒に
レッスンして
ください
にこ
にこ
えっ
私が
ですか…？

英作文なんて…優華がやるだけで充分じゃないですか?
いまさら私が勉強しても…
私仕事もしてるので…
大丈夫です
基本だけをしっかり身につける方法なので誰でもできます
ですが日本にずっと住んで日本語だけを使う日本人が「ゼロから自分で考えて英文を書く」のは ほぼ無理と言えるでしょう
キッパリ
そんな!
では どうするんですか?
英作文にもやはり「暗記」が重要になってきます
暗記
キュキュッ
「暗記」ですか…?
そうです
暗記
英作文＝英借文
英作文はよく「英借文《えいしゃくぶん》」といわれますね
最初からすべて自分の頭でひねり出すのではなく
ネイティブの書いた英文を「借りて」きてその内容を自分の言いたいことに置き換える
I have a pen.
an apple
英作文はこれで充分なのです
つまり「どれだけ大量の例文（テンプレート）を覚えているか」
英語を「書く」力はそこにかかっています

英作文は
英借文…
それなら私にもできそうです！
ごちそうさま
優華
今日はママとお勉強しましょう
ママと!?
真理子先生に英作文のレッスンをしてもらったの
……
見てレッスンセットも作ったのよ。
今日は自己紹介のレッスンよ
Let me introduce myself.
My name is Jiro Oita.
I'm 7 years old.
I'm from Oita, Japan.
I go to ABC Elementary School.
I like soccer.
Thank you for listening!
これは7歳の次郎くんが書いた
自己紹介文なんですって

① 例文音読&なぞり読み
塾で習ったように まず音読となぞり読みで暗記するわ
最初に ママが 読むわね
Let me introduce myself. My name is ...
スラスラ
わあ！ ママすごい
これでも 外語大学 英文科卒よ
それは聞いてたけど 実際に英語 話してるのは はじめて見たかも…
そうだった？
うん そうだよ じゃあ次は 私がやるね
Let me introduce myself. My name is ...
素晴らしいわ！ 優華は こんなにきれいに 発音できたのね！
……

② 例文の一部を（　）や下線で空欄にし そこに自分の好きな言葉を英語で穴埋めします
こんな感じかな
私もできたよ
ここで穴埋めした英文全体を音読となぞり読みで暗記します
覚えにくい場合は各センテンスの冒頭部分だけをメモしておいて番号を振ります
ブツブツ
ブツブツ
1. Let me
2. My name is
3. I'm
4. I'm from
5. I go to
6. I like
7. Thank you
これを見ながらでもOK
暗記できたら声に出して暗唱します
Let me introduce myself. My name is Yuka Hoshikawa. I'm 14 years old. I'm from Japan.
I go to Minami Junior High School. I like cooking. Thank you for listening!
エクセレント！
素晴らしい
パチ パチ
パチ
パチ
じゃあ次はママね
オッケー行くわよ

Let me introduce myself. My name is Reika Hoshikawa. I'm 21 years old.
I'm from Paris, France. I like shopping at Louis Vuitton stores. I like fashion. Thank you for listening!
え…ママパリ出身って言った？
21歳…？
あバレた？
真理子先生がね必ずしも本当のことを言わなくてもいいって…
ずるいッ じゃあ私ももう1回！
My name is Mei Nagano. I'm 19 years old.
じゃあママは…
My name is Satomi Ishihara.
I'm from New York !
I'm from India !
あっはっはっ
なにそれ〜

なんか ママと こんなふうに しゃべったのって 久しぶり
あーおかしっ
いつも「勉強しなさい」「ちゃんとしなさい」ばかりだったから…
……ほんとね…
ほんとだわ…
優華…
いままでごめんね…
麗華んち うまくいってるみたいですよ

ハッピーの好循環が起こっていますよ
よかったですね
咲さん…グングン英語が上達する子どもたちにはある共通点があるんですよ
え それはなんですか!?
家庭に会話があふれていること
上達が早い子はみんなおしゃべりで人と話すのが大好きなんです
ねぇねぇきいてきいて
なぁに
英語ではどうやって言うのかな…
伝えたい気持ちの強さが英語を学ぶ大きなモチベーションになります
おうちでルイくんといっぱいお話してくださいね
はい

コツはただひとつ
子どもを100%肯定し全身で受け止めること
「あなたを全身で受け止めています」と示す方法は次の5つ！
①笑顔で接する
②聞き上手になる
③一方的に非難したり会話をさえぎったりしない
④感情的にならないように自分の顔つきや態度を抑制する
⑤子どもを肯定する前に親が自分自身を100%肯定する
そうすれば 子どもは100% 心を開いて親にどんどん話しかけてきます
だから「家庭円満が9割」なんですね
そのとおり！
あと 先生 ルイが英検を受けたいって言ってるんですけど…
そうですね そろそろだと思ってました

3級!?
ワイ
ワイ
ワイ
3級って中学卒業レベルよ!
まずは5級からでしょ
でもかりんちゃんとりゅうくんも3級受けるって
僕も3級受けたい
うんやってみようか
先生!
ガーン
英単語だっていまは3級の勉強をしてるじゃないですか
でもでもだってだって
日本人は自分の過去の学習経験から英語=文法理解と思っているため
文法がわからないうちは英文が読めないとかん違いしています
また児童は幼稚な存在だと思われているので
A B C
エレファント
アポー
果物や動物の絵を見ながら英単語の発音をするだけの英語教室が大半です

これは「子どもには文字や文章は難しすぎる」「わかるはずがない」といった大人の偏見です
これはまだムリよ
……
ルイくんは咲さんが思っている以上にいろんなことができたでしょ
でも…
にこ。
子どもの可能性は無限大ですよ

第5章
解説

親が英作文を学ぶ

マンガでは、お母さんの麗華が娘の優華と一緒に英作文を勉強する姿が描かれていますが、親が子どもと一緒に英語を勉強することはとても大切です。子どもは、大好きなお母さんが一緒に勉強してくれると、それだけでモチベーションが飛躍的に上がるものなのです。

私の教室に通う生徒の親ごさんからは、「音読する子どもの隣に座っているだけで、英語が好きだった頃の自分を思い出して嬉しくなる」「2020年には、じつは親も英語ができていたほうがいいのではないか」「子どもは短期間で単語帳を次々と更新している！　親の私はこのまま追い越されるのかと思うと……」といった声が聞かれます。

そんな親ごさんも、過去に英語の勉強をしてきたはずです。ですから、あえてここでは親ごさんに、英語４技能の中で最難関とされている「英作文（書く）」に挑戦していただこうと思います。

大丈夫です。「ひろつるメソッド」は、基本だけをしっかりと身につける学習法なので、誰にでもできます。まず、親ごさんが英作文の力を身につけ、それをお子さんに教えてあげましょう。

英作文とは「英借文」！

そもそもずっと日本に住み、日本語で育った日本人が、「ゼロから自分で考えて英文を書く」ことはほぼ不可能といっていいでしょう。では、どうすればいいのでしょうか？

その答えは、やはり「**暗記**」にあります。

英文を最初からすべて自分の頭でひねり出すのではなく、ネイティブが書いた英文を「**借りてきて**」、その内容を自分の言いたいことに置き換えましょう。これは「**英借文**《えいしゃくぶん》」という考え方で、あらかじめ正しい英語で書かれている例文（テンプレート）を覚えておいて、それをアレンジすればOKです。英作文はそれで充分なのです。

そうなると、どれだけ大量の例文（テンプレート）を覚えているかが、英文を書く力を左右します。ですから、英作文においても、暗記が重要になるというわけなのです。

最初からすべて自分の頭でひねり出すのではなく
ネイティブの書いた英文を「借りて」きてその内容を自分の言いたいことに置き換える
英作文はこれで充分なのです
I have a pen.
an apple

大量の英文ストックが英作文の力

よく芸術は模倣からといわれます。小説家になりたければ、優れた小説をマネする。作曲を覚えるには、たくさんの名曲をコピーする。英語もまったく同じです。英語を習得したければ、正しい英文を大量に暗記するのが、最短の方法なのです。

英検の英作文のテストでは、英検３級で25〜35語、英検２級で80〜１００語、１級で２００〜２４０語の英作文が出題されます。それができるようになるためには、何よりも「**お手本**」が必要になります。

まず、「**お手本**」となる正しい例文をマネして自分のものにしましょう。それができてはじめて「自分で自由に書く」ステップに進めるのです。洗練された中身のある英文を読んでいるからこそ記憶に残り、自分が書くときに印象的な表現や英単語を使うことができるのです。

私の教室でも、1回のレッスンの中に必ず「英作文指導」が取り入れられています。書くという行為は、語学学習において究極のアウトプットだからです。

この指導を数カ月受けると、子どもたちは徐々に自分の体験の引き出しも増え、また「この教室は『何を言っても叱られない場所＝ストレスフリーの場所』なんだ」と気づき、どんどん自分の言いたいことが書けるようになります。

最初は毎回、内容の異なる例文を用意して、ところどころに（　　）で空欄を作って、それぞれが自分の言いたいことを穴埋めして暗記・暗唱します。暗唱できたら、それをノートに書き写します。

それではやってみましょう！

それでは実際にどうやるかを実践してみましょう。
まずは、例文です。

英文

[What is your favorite food?]

My favorite food is ice cream. I like it because there are many delicious ice cream flavors such as mango and peach. I like to eat it in summer.

和文

［あなたの好きな食べ物は？］

私の好きな食べ物はアイスクリームです。アイスクリームはマンゴーや桃のようにいろいろな味があるので好きです。夏に食べるのが好きです。

前ページの英文を音読します。次に日本語を読みます。1文ずつ番号を振り、音読して暗記します。1文暗記できたらノートに書いて確かめます。これを最後の文までくり返したら英作文のできあがりです。

番号を振る

[What is your favorite food?]

(1) My favorite food is ice cream. (2) I like it because there are many delicious ice cream flavors (3) such as mango and peach. (4) I like to eat it in summer.

親の脳が変わり、子育てが楽に！

英文の暗記ができたら、ぜひお子さんの前で発表してみてください。親が好きなものは、子どもも大好きです。学ぶ親の姿にも惹かれるものです。

そしてあとは、自分が学んだ方法をお子さんにも適応していけばいいだけです。すでに自分自身で経験していることなので、どこが難しいか、どこでつまづきやすいかなどが手にとるようにわかって、名教師になれるに違いありません。

あるお母さんがこんなことをおっしゃっていました。

Let me introduce myself.
My name is Reika Hoshikawa.
I'm 21 years old.
I'm from Paris, France.
I like shopping
at Louis Vuitton stores.
I like fashion.
Thank you for listening!

「親は子どもが読み間違えたり、理解していないことに気をとられて、楽しむことを忘れてしまいがちです。だから、イヤになったり、怒ったりしてしまいます。このひろつるメソッドで、**親の脳がすっかり変わり、子育てが本当に楽になりました**」

あーおかしっ
なんか ママと こんなふうに しゃべったのって 久しぶり
いつも 「勉強しなさい」「ちゃんとしなさい」ばかりだったから…

エピローグ

子どもと寄りそって学ぶ

Story 6

英語で毎日が楽しく！

すてきないきもの事典
こんないきもの
にゃおにゃおにゃご
あっ これおもしろそう!
これも!
こんなに読めるの?
ぼすっ
僕すぐ読めるもん
ゲームばかりやってたルイが本を読むようになった
パパーッ
この工作の本おもしろそうだぞ
ルイにもできるんじゃないか?
わーおもしろそう!!
作りたいっ
でも ちょっと難しい…
小学生のおもしろ工作

それなら パパと一緒に 作るか？
うん！ いいの？ やった～！
あとぼく 生物の進化について 知りたいんだー
ルイはそんなことに興味があるのか!!
英語だけじゃなくて いろんなことに 興味をもつように なった
このあと工作の材料買いに行く？
いいね その前になんか食べよー
ぼくくるくるずし行きたい!!
なにより 家族の会話が増えて 毎日がとっても 楽しい…！
星川家
I wake up at 6 every day . I first get dressed and brush my teeth. Then I have breakfast with my family.

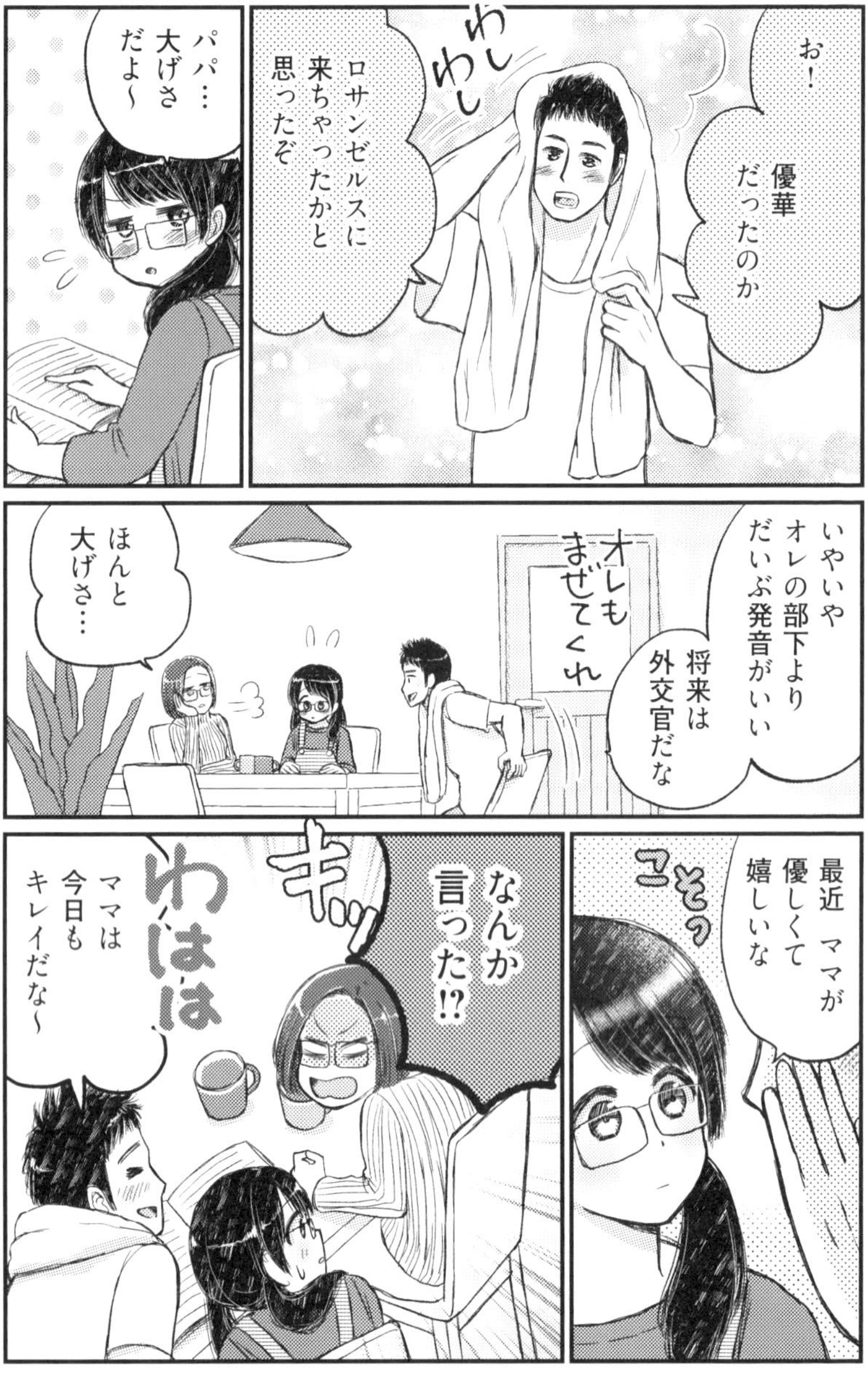
お！
優華 だったのか
わし わし
ロサンゼルスに来ちゃったかと思ったぞ
パパ… 大げさだよ～
いやいや オレの部下よりだいぶ発音がいい
将来は外交官だな
オレもまぜてくれ
ほんと大げさ…
こそっ
最近 ママが優しくて嬉しいな
キッ
なんか言った!?
わはは
ママは今日もキレイだな～

ママとパパが
無条件で
大好きで
ほめたら
素直に喜んで
認められたら
嬉しくて
ひとつできたら
誇らしげに
教えにくる
みてみて
できたーーっ
そんな子ども時代は
すぎ去ってしまえば
二度と戻ってきません
絶対的な愛情を
注いでくれる
親の存在
そのものが
子どものやる気を
伸ばす最大の
モチベーションです
ですから
さびしいときは
お腹が痛くなる
もう
なんで
こんなこと
するの
かまって
くれないときは
機嫌をそこねる
プンだ!!
過剰な期待には
ストレスいっぱいに
なります

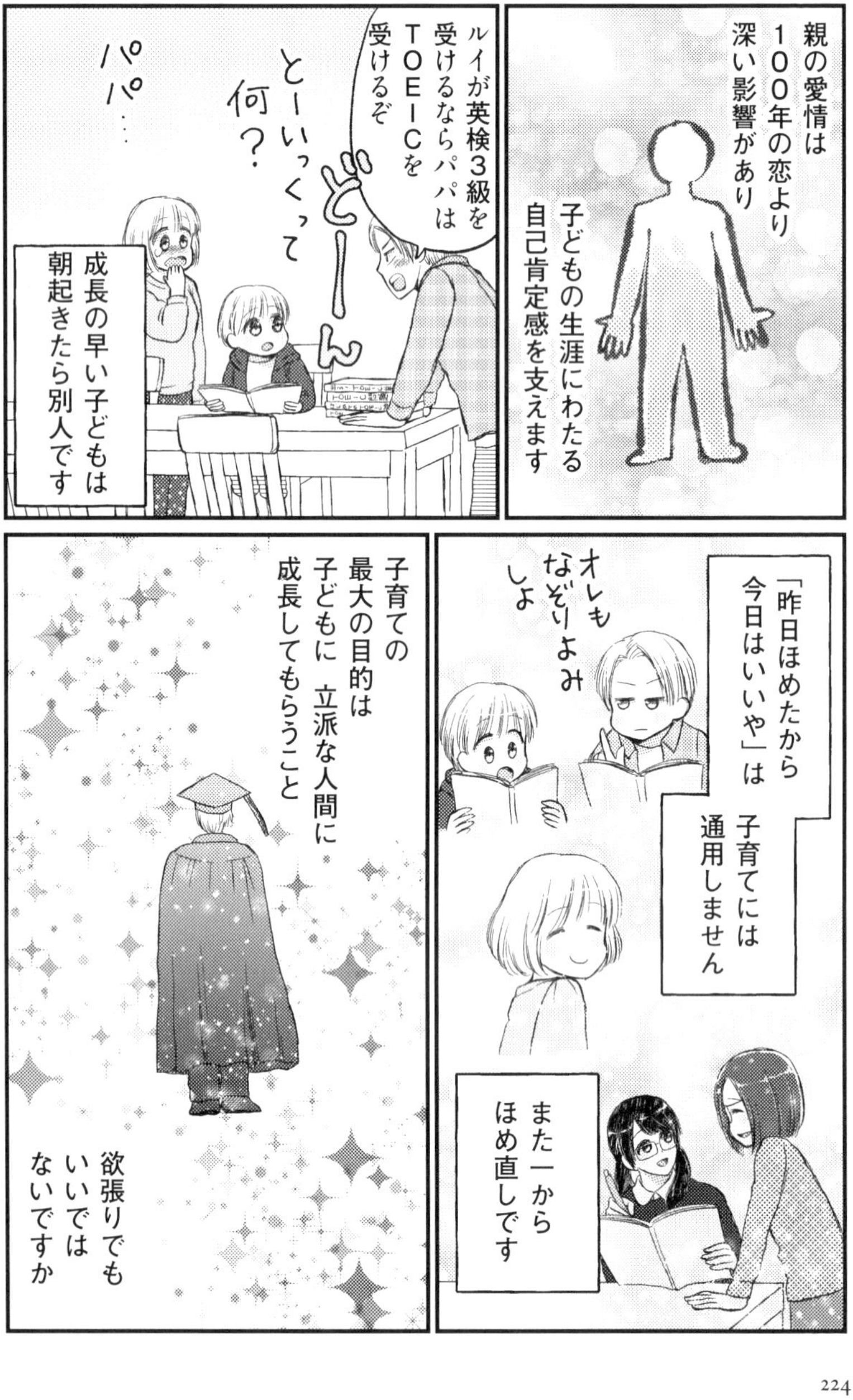
親の愛情は100年の恋より深い影響があり
子どもの生涯にわたる自己肯定感を支えます
ルイが英検3級を受けるならパパはTOEICを受けるぞ
どーーん
とーいっくって何？
パパ…
成長の早い子どもは朝起きたら別人です
「昨日ほめたから今日はいいや」は
子育てには通用しません
オレもなぞりよみしよ
また一からほめ直しです
子育ての最大の目的は子どもに 立派な人間に成長してもらうこと
欲張りでもいいではないですか

貴重な子ども時代を
もう一度英語と一緒にエンジョイしてみてください！
十数年後
アメリカ マサチューセッツ州
ケンブリッジ
Thank you.
You are welcome.

こっちに行ったらすぐらしい
行こう!
……
…なんだよ
パパすご～い
さすが!!
いまや本部長様だもんね～
すべてはあの日
咲が本橋英語塾に行った日からはじまったんだよな…
ハーバード大学
Hey. Rui!

いたーっ
ルイ！
探したーっ
ワイ
ワイ
HARVARD UNIVERSITY
RUI SHINDO

エピローグ
解説

まとめ

TOEFL&英検に完全対応!

日本人は英語での会話が苦手だといわれています。しかし、2020年の新学習指導要領から「話す(スピーキング)」が重要なウエイトを占めることになります。

TOEFLは、英語の4技能を総合的に測定する資格試験で、留学の際の英語資格になるのはもちろん、日本の大学入試の一部にも採用されています。

TOEFLには、スピーキングのテストがありますが、そのやり方は、パソコンを使用し、モニター画面に映し出された問題を見て、15秒で考え、45秒マイクに向かって英語で答えるというものです。
試験時間はたったの1分です。これはなかなかの難題といってもいいでしょう。
ですが、小さな頃から慣れてしまえば何の問題もありません。

まず、日本語Bで

スピーキングの練習を、英語ではなく、まず日本語でしておくと、そのままTOEFLのスピーキングテストの対策になります。それだけではありません。将来、子どもが日本語でプレゼンするときにも非常に役立ちます。

ここで使うのは「日本語B」です。「英語で45秒スピーチ」と聞くと「ムリ～」となりますが、日本語なら英語に比べてハードルが低くなります。

「結論が先」「必ず理由」「事実を描写」、この3つのルールを守って1分間スピーチに挑戦してみましょう。日本語でできるようになったら、それを英語に置き換えるだけです。日頃、親も子どもも自分の意見を言う機会は意外と少ないので、声に出してみるととても楽しく感じるはずです。

しかもたった1分で、いつでもどこでも隙間時間を使ってできるので、勉強をしているという感覚がないのもこのトレーニングのよいところです。

私の教室やセミナーでの例を紹介します。

質問「あなたがビジネスをはじめるとしたら、どんなことをしたいですか？」

「はい、シンキングタイム。15秒考えましょう」

そして15秒後に、45秒で発表します。

◉幼稚園児Sちゃんの答え

「私はパン屋さんです。理由は、私はお母さんと一緒にパンを作るのが好きだからです。いろいろなおいしいパンを焼いて、みんなに食べてほしいです」

◉小学生Y君の答え

「僕は宇宙旅行会社を立ち上げます。なぜなら、僕は宇宙に興味があって星を見るのが大好きで、いつか絶対に宇宙に行きたいと思っているからです。それにロケットの技術も進んでいるので、これからは宇宙に行きたい人が増えて、宇宙旅行を企画すれば、お金が儲かると思います」

このレッスンで重要なのは、ものごとを論理的にまとめ、「結論」と「理由」を明確にして話すことです。そして、それをＴＯＥＦＬの「15秒で考え、45秒で答える」というフォーマットでできるようになることです。

お母さんもお父さんも、ぜひ一緒に挑戦してみてください。親は「オチ」を入れたり、ジェスチャーを交えたり、プレゼンらしい姿を子どもに見せるのも楽しいかと思います。きっとやみつきになりますよ。

1分間スピーチの実践

ではここから、1分間スピーチの実践方法をご紹介していきます。

目標：自分の考えを15秒でまとめ、45秒で「日本語」で話す
問題：特に設定しない
ペース：「水曜日の夕食後」や「日曜日の午前中」など、おおよその曜日や時間帯を決めておく。家族の団らんタイムに組み込んで、リラックスした雰囲気で行う。1日たった5分だけ。その間に2～3の課題を行う

【手順】

まず、出題者がお題を振り、回答者は15秒考えます。

「用意、スタート！」とかけ声で開始しましょう。ストップウォッチやタイマーで時間を計ります。

◆15秒たったら「シンキングタイム終了～」と声をかけます。

◆答えを日本語で、45秒発表します。

「では発表してください。どうぞ！」

ここでもきっちりと時間を計ります。

【1分間スピーチの例】

お題「あなたの嫌いなものは何ですか？　また、それはどうしてですか？」

回答「私は、カミナリが嫌いです。理由はふたつあります。ひとつはピカッ、ゴロゴロととても大きな音がして怖いからです。もうひとつは、雷が落ちたら大ケガをするかもしれないからです。だから私はカミナリが嫌いです」

◆45秒たったら終了です。

「はい、そこまで！」と言ってください。

◆たとえ時間が余ってしまっても、オーバーしてしまっても、上手にまとまっていなくてもＯＫです。お子さんのチャレンジをほめてあげましょう。45秒の感覚をつかめるようになればそれでいいのです。

あくまでオープンマインドで、何を言ってもバカにして笑ったりしないようにしましょう。うまくできなくてもいいですし、ギャグを入れてもいいでしょう。とにかく楽しんで、子どもを１００％肯定します。１００％子どもを肯定できる親は、自分自身も肯定できている最強の人間なのです。

僕の好きな食べ物はお母さんの作ったカレーライスです！
なぜなら夏休みに家族でキャンプに行ったときに食べたカレーが忘れられないからです！
きらいなにんじんもカレーなら食べられます

ここに1分間スピーチのお題の例を挙げておきます。参考にしてみてください。

◆一番好きな食べ物は何ですか？　それはどうしてですか？
◆学校で好きな先生は誰ですか？　それはどうしてですか？
◆1週間で一番好きなのは何曜日ですか？　それはどうしてですか？
◆夏休みにやりたいことは何ですか？　それはどうしてですか？
◆田舎と都会ではどちらが好きですか？　それはどうしてですか？
◆大人になったら、何になりたいですか？　それはどうしてですか？
◆いまから１００年後の世界はどうなっていると思いますか？
◆もし宇宙人がいるとしたら、どんな生物だと思いますか？
◆サンタさんに１００万円もらったら、何に使いますか？
◆大好きなお友だちについて教えてください。

小学3年生以上のお子さんは、発表が終わったら、自分が発表した答えをさっと1分でノートに書きましょう。

そうするとハーバード大生も得意とする要約力が身につきます。

最後に……

もし私が生まれ変わったら、新しい両親に「私をたくさんほめて育ててね」と「絶対」そうお願いします。

「昨日ほめたから今日はいいや」は子育てには通用しません。子どもを全身全霊で受け止める。この愛の形を子どもに示す方法は、ただ、ほめることなのです。

【著者プロフィール】

廣津留 真理（ひろつる・まり）

株式会社ディリーゴ代表取締役、一般社団法人 Summer in JAPAN 代表理事・総合プロデューサー、ディリーゴ・ブルーマーブル英語教室代表、早稲田大学卒。

大分県の英語教室と全国の英語セミナーでこれまで 5000 人以上に教える。

小学生でも大学入試英語が読める「ひろつるメソッド®」は 2020年英語改革の新機軸として注目されている。
・幼児から高３までが一緒に学ぶ無学年制の画期的な英語教室
・ひろつるメソッド® 英語指導者養成講座など各種セミナー
・ハーバード大生が講師陣の「国際交流とグローバル人材育成」サマースクール Summer in JAPAN
を中心に活躍。日本テレビ「人生が変わる１分間の深イイ話」など多数メディアに登場。

【ひろつるメソッド® ３つのポイント】
① 英語経験ゼロの小学生が週１回 75 分のレッスンで、１年以内に英検３級（中３終了レベル）以上に
② 読む、聞く、話す、書くの英語４技能がすべて学べる授業で 2020 年教育改革に 2012年から対応ずみ
③ 効果は教室生徒のみならず長女のすみれが大分の公立小中高から米国ハーバード大学に現役合格して首席卒業、名門ジュリアード音楽院も首席卒業した実績からも明らかである

著書に『英語で一流を育てる　小学生でも大学入試レベルがスラスラ読める家庭学習法』（ダイヤモンド社）、『ひろつるメソッド 子ども英語 Don Don English! 英検５級対応 CD付き』（主婦の友社）などがある。

編集協力・本文デザイン／ユニバーサル・パブリシング株式会社
シナリオ制作／北田瀧
カバーイラスト・作画／すぅ

マンガでやさしくわかる子どもの英語家庭学習法

2019年6月30日　初版第1刷発行

著　者 —— 廣津留 真理
発行者 —— 張 士洛
発行所 —— 日本能率協会マネジメントセンター

〒103 - 6009 東京都中央区日本橋2−7−1　東京日本橋タワー
TEL 03 (6362) 4339 (編集) ／ 03 (6362) 4558 (販売)
FAX 03 (3272) 8128 (編集) ／ 03 (3272) 8127 (販売)
http://www.jmam.co.jp/

装丁————ホリウチミホ(ニクスインク)
本文DTP——ユニバーサル・パブリシング株式会社
印刷所————広研印刷株式会社
製本所————株式会社宮本製本所

ISBN 978-4-8207-3177-1 C0037
落丁・乱丁はおとりかえします。
PRINTED IN JAPAN